Essig
und Öl

Klaus Oberbeil

Essig und Öl

Südwest

Inhalt

Vorwort

Essig ist ein wahres Wundermittel. Er steckt voller Kraft in Bezug auf seine heilenden Wirkungen und ist als edle und geschmacksbildende Zutat bei der Zubereitung von Speisen nicht wegzudenken.

Essig und Öl – seit Jahrtausenden wandern sie wie unzertrennliche Zwillinge durch die kulinarische Geschichte. Ganz egal, ob die alten Chinesen, Assyrer, Sumerer, Griechen oder Römer ihre Speisen verfeinern wollten, oder ob heutzutage Mahlzeiten liebevoll zubereitet werden – ohne Essig und Öl sähe es in den Küchen recht trostlos aus.

Perfektes Zusammenspiel

Vielleicht liegt das Geheimnis darin, dass Essig und Öl so unterschiedliche Geschwister sind und sich dennoch so großartig ergänzen. Essig ist sauer und in hoher Konzentration ungenießbar. Öl schmeckt pur ebenso wenig und ist für sich alleine ein eher wenig raffiniertes Lebensmittel. Trotzdem: Beide verfeinern geschmacksneutrale Nahrungsmittel und Speisen auf verführerische Weise, wie z. B. Fleisch, Geflügel, Fisch

oder bestimmte Gemüse- und Getreidesorten. Als Würze und Aromaträger geben sie den Nahrungsmitteln eine interessante Geschmacksnote und werden in Kombination zu einem unschlagbaren Paar – was jeder fein angemachte Salatteller überzeugend beweist.

Doch nicht nur im Geschmack ergänzen sie sich perfekt. Essigsäure tötet die in allen naturbelassenen Lebensmitteln vorkommenden Bakterien, Pilze, Viren und andere Parasiten. Öl ist für die Bioverwertbarkeit der Vitamine A, D, E und K sowie anderer Substanzen unerlässlich.

Essig und Öl sind bedeutende Gesundmacher in der Natur, die unser Körper braucht. Beide sind Voraussetzungen für einen optimal funktionierenden Stoffwechsel. Dass dies bereits Tiere in freier Natur instinktiv wissen, können wir beobachten. Die Essigsäure, die sie zum Beispiel durch überreifes Obst fressen, nutzen sie selbst als Heilmittel gegen Infektionen. Das Öl mit seinen lebensnotwendigen

essenziellen Fettsäuren finden sie in den Schalen von Früchten (wie z.B. Äpfel, Beeren) oder in Gräsern und Blättern. Ohne diese Fettsubstanzen und ohne Essigsäure – so erklären es uns die Forscher – gäbe es auf der Erde keine Lebewesen.

Öl schützt die Zellen – Essig schützt den Darm

Wer zu Hause mit hochwertigen Pflanzenölen kocht, versorgt sich und seine Familienangehörigen mit den elementarsten Nahrungsbausteinen. Schon eine einzige Mahlzeit, ein leckerer, mit Olivenöl angemachter Rohkostteller, schützt Zellen und kurbelt deren Stoffwechsel an – dies haben Biochemiker herausgefunden. Nicht anders verhält es sich mit Essig. Nur ein Esslöffel davon reicht aus, um die stets präsenten Bakterien oder Pilze in Lebensmitteln im Magen abzutöten, damit sie nicht in den Darm vordringen und sich dort in krankheitserregenden Kolonien ausbreiten können.

Noch eine zweite gute Eigenschaft der Essigsäure: Sie sorgt für mehr Magensäure und somit für eine bessere Verwertung von Nahrungseiweiß, Kalzium und Eisen. Dies ist für Kinder, Heranwachsende, Erwachsene und ältere Menschen gleichermaßen wichtig, denn viele von uns leiden – zumindest zeitweise – an erheblichen Beschwerden, die durch einen Mangel an Nährstoffen bedingt sind.

Wer sich für die gesundheitlichen Wirkungen von Essig und Öl interessiert, kann sich auf die vielseitige Einführung freuen. Im ausführlichen Rezeptteil dieses Buches finden Sie viele kreative Gerichte, die Ihnen so richtig Lust aufs Kochen machen. Wer sich noch als Neuling fühlt in der faszinierenden und aromatischen Welt der Essige und Öle, findet hier sicherlich viele Anregungen für den Einstieg. Aber auch die Profis unter Ihnen werden überrascht sein, welche Vielfalt in den beiden Elixieren steckt.

Es ist ein köstliches Geschenk der Natur: Mit Essig und Öl haben wir zwei Lebensmittel, die sich optimal ergänzen, wenn es darum geht, unsere Zunge und unseren Gaumen zu verwöhnen, und die uns dabei auch noch körperlich und mental gesund erhalten.

Klaus Oberbeil

Pflanzenöle entfalten sowohl in der kalten als auch in der warmen Küche ihr zartes Aroma. Dass auch sie positive Wirkungen auf den Stoffwechsel haben, macht sie zu einer der vielfältigsten Zutaten bei der Zubereitung der Speisen.

Würziger Essig

Essig – das Beste aus der Natur

Schon vor mehreren Millionen Jahren, weit vor der Zeit der ersten Menschen, war Essig schon Heilmittel der Natur. Nicht nur wir Menschen, sondern auch Tiere können krank werden und instinktiv Krankheiten vorbeugen. In einem solchen Fall suchen sie sich ihr Medikament in der Natur, das eben die Form von Beeren, Blättern, Wurzeln oder anderen Pflanzenteilen hat.

Tiere wissen instinktiv, was ihnen gut tut. Wenn sie sich unwohl fühlen, fressen sie Fallobst und nehmen dadurch die heilende Essigsäure auf.

Das Grundprinzip der Essigherstellung

Die Ausgangssubstanz für jeden Essig ist eine alkoholhaltige Flüssigkeit. Bleibt Wein beispielsweise lange Zeit stehen, verwandelt sich der Alkohol langsam in Essigsäure. Für diese Reaktion ist nichts weiter erforderlich als Sauerstoff und Essigbakterien; beides ist überall in der Luft vorhanden.
Bei der industriellen Essigherstellung werden gezielt Essigbakterien und Sauerstoff zugesetzt, um kontrollierte Reaktionen zu erzielen.

Ein raffinierter Trick der Natur

Die Natur möchte unter allen Umständen die Keime, Kerne oder Samen in reifen Früchten schützen, um den Fortbestand der Gattung zu sichern. Reife, süße Früchte schmecken für viele Tiere sehr verlockend, deshalb fressen Vögel, Käfer, Würmer und Insekten gerne Obst. Haben die Früchte ihre volle Reife erreicht, sind auch die Samen fertig entwickelt, um keimen zu können und eine neue Pflanze wachsen zu lassen. Damit Keime und Samen aber nicht von den Tieren aufgefressen werden, wodurch keine Fortpflanzung mehr möglich wäre, lässt die Natur das Fruchtfleisch gären und in Essig übergehen – und dies schreckt die hungrige Tierwelt ab. Gesunde Tiere lehnen normalerweise faules Obst ab. Essigsäure ist also Ergebnis eines natürlichen Schutzmechanismuses in der Natur.

Essig gegen Infektionen

Essigsäure hilft bei Infektionen aller Art. Wenn sich etwa ein Reh infiziert, sucht es auf dem Boden liegende, überreife Früchte, die in Gärung übergegangen sind und in denen sich bereits wertvolle Essigsäuren gebildet haben. In überreifem Obst bildet sich aus dem Fruchtzucker Alkohol, der unter dem Einfluss von bestimmten Bakterien zu Essigsäure umgebaut wird. So dient also Fallobst vielen Tieren als »natürliche Apotheke«.

Schützende Wirkung von Essig

Essig desinfiziert Magen und Darm, indem er Bakterien abtötet. Auf einem Salatblatt siedeln sich z.B. viele Bakterien, Viren, Pilze, Parasiten und andere Mikroben an, die unter dem Mikroskop deutlich zu sehen sind. In der Regel ist unser Immunsystem so stark, diese natürlich vorkommenden Lebewesen unschädlich zu machen. Auch die Verdauungssäfte tragen einen wesentlich Teil dazu bei, dass sie unserem Körper nicht schaden können. Um das Immunsystem nicht zu überlasten, ist es wichtig, Salat und Gemüse vor dem Verzehr gründlich zu waschen. Das reduziert die Keimbelastung.

Ein einfacher Trick besteht darin, einige Tropfen Essig auf den Finger zu geben und das Salatblatt damit zu bestreichen. Durch die Säure werden viele kleine Krankheitserreger schnell abgetötet. Den gleichen keimabtötenden Effekt erzielen wir, wenn wir eine Salatsauce mit Essig herstellen und den Salat mit dieser sauren Marinade anmachen.

TIP

Wenn Sie beim Putzen der Salatblätter etwas Essig ins Waschwasser geben, reduzieren Sie die Keimzahl deutlich und entlasten damit Ihr Immunsystem.

Gesundheit und Wohlbefinden mit Essig

Viele Frauen leiden unter Eisenmangel, weil sie bei der Menstruation Blut verlieren. Als Bestandteil des Blutfarbstoffs transportiert Eisen den vitalisierenden Sauerstoff in alle Körperzellen.

Essig spielt nicht nur in der Tierwelt eine entscheidende Rolle, auch im menschlichen Körper hat er viele gesundheitsfördernde Wirkungen und ist auch für den Menschen unverzichtbar.

• Essig bewirkt eine gesteigerte Magensäureproduktion. Magensäure schafft ein stark saures Milieu, in dem sich Bakterien, Pilze, Viren, Parasiten und andere krankheitserregende Mikroorganismen nicht mehr wohl fühlen und absterben. Sollten diese kleinen Erreger die Säurebarriere des Magens überwinden können, fühlen sie sich im nachfolgenden mildbasischen Milieu des Darmsaftes so wohl, dass sie sich zu großen Kolonien ausbreiten und Beschwerden und Krankheiten auslösen können.

• Im Alter von 35 Jahren

nimmt die Bildung der Magensäure ab. Deshalb haben manche Menschen zu viele Bakterien oder Pilze im Darm. Magensäure ist aber auch für die Vorverdauung von Eiweiß unerlässlich. Ein Esslöffel Essig zur Mahlzeit, am besten vorneweg, z. B. im Salat oder als Apfelessig-Aperitif, hilft bei der Eiweißverdauung. Dies ist schon deshalb von Bedeutung, weil der Abbau von Nahrungseiweiß in Aminosäuren (die kleinsten Eiweißbausteine) Grundlage unserer mentalen und körperlichen Gesundheit und Vitalität ist.

• Kalzium braucht ein saures Milieu im Magen, um gelöst zu werden. Fehlt Magensäure, gelangt zu viel ungelöstes Kalzium ins Blut, das nur begrenzt stoffwechselfähig ist. Es lagert sich in Form von Kristallen gerne in Gelenken (Arthritis) und an Arterieninnenwänden (Arteriosklerose) ab.

• Eisen benötigt ebenfalls ein saures Milieu, damit der Körper es verwerten kann. Das lebensnotwendige Spurenelement wird nur schwer aus dem Darm ins Blut resorbiert. Ein wenig Essig vor und zur Mahlzeit (z. B. im Dressing für den Rohkostteller) löst Eisen in seine stoffwechselaktive Form.

Essig – eine häufig verwendete Zutat

In den südlichen Ländern, z. B. im Mittelmeerraum, aber auch in den Tropen oder Subtropen steht Essig fast bei jeder Mahlzeit auf dem Tisch, und die Menschen beträufeln ihren Fisch immer mit etwas Zitronensaft. Sie tun dies nicht nur, weil die Seezunge dann besser schmeckt, sondern aus Über- lieferung, weil Essig und Zitronen- saft dafür sorgen, dass Eiweiß besser vom Körper verwertet werden kann.

Essig regt die Verdauung an

Essig-, Zitronen- und Askorbinsäure (Vitamin C) sind milde organische Säuren, die die Magensäurepro- duktion anregen. Zu Beginn einer Mahlzeit eingenommen, stimulieren die Säuren so genannte Belegzellen in der Magenschleimhaut, mehr Salzsäure und somit mehr Magen- saft zu produzieren.
Nach einer Mahlzeit ist die Magen- säure im unteren Magenbereich so sauer, dass sie Löcher in einen Teppich brennen würde. Dies muss auch so sein, denn die im

Nahrungseiweiß, in Muskeln, Bindegewebe oder auch in pflanzlicher Kost enthaltenen Eiweiß- Großmoleküle sind ungemein fest miteinander verknüpft. Diese Bindungen müssen durch viel Magensäure erst einmal aufgelöst werden. Im Darm erfolgt dann der endgültige Abbau zu Aminosäuren durch Enzyme der Bauchspeichel- drüse. Dieser kurze Verdauungs- schritt über eine »Körperstrecke« von gerade 25 Zentimeter ist Basis für unsere Gesundheit. Ist unsere Verdauung gestört, werden wir zwangsläufig müde, konzentrations- schwach, unglücklich und krank.

Nur ein Esslöffel Essig zu Beginn der Hauptmahlzeit hebt die Stimmungslage und weckt neue Energien.

Was Essig sonst noch kann

Produziert der Magen zu wenig Magensäure, können Durchfall, Hautausschläge und sogar ein Mangel an Spurenelementen die Folge sein.

Essig hat also viele gesundheitsfördernde Wirkungen im menschlichen Körper. Unter anderem regt er die Bildung von Magensäure an, eine wesentliche Voraussetzung aller Verdauungsvorgänge. Bildet der Mensch zu wenig Magensäure, kann es leicht zu Beschwerden kommen. Nur geringe Mengen Essig – z. B. im Salat vor dem Essen – genügen, um den Körper bei der Eiweißverdauung zu unterstützen. Zum Beispiel bietet es sich an, einen Esslöffel Apfelessig in einem kleinen Glas Wasser aufzulösen und dies vor dem Essen zu trinken.

Ebenso empfehlenswert ist es, Suppen, Saucen, Mayonnaisen und viele andere Mahlzeiten mit Essig anzureichern.

Lesen Sie darüber mehr im nachfolgenden großen Rezeptteil.

• Essig »öffnet« Gaumen und Zunge für andere Genussreize als stets nur Süßes oder Salzig-Fettes. Ein mit würzigem Essig und edlem Öl angemachter Salat lässt uns leichter den Zugang zu vitaminreicher und kalorienarmer Kost finden.
• Essig ist indirekt an der Eiweißverdauung beteiligt und sorgt dafür, dass Eiweiß schneller im Körper zur Verfügung steht. Somit können auch mehr so genannte Stresshormone gebildet werden, die überwiegend aus Eiweiß bestehen. Nur sie besitzen den goldenen Schlüssel, um Fettzellen aufzusperren und ihren Inhalt zu befreien, der dann in rund 70 Billionen Körperzellen zu Energie verbrannt wird.
• Die im Essig enthaltene Essigsäure regt die Darmperistaltik an und sorgt für eine raschere Darmpassage der Nahrung. Dadurch wird Fett schneller über den Stuhl ausgeschieden.

Kräftigen Sie insgesamt Ihren Stoffwechsel durch die regelmäßige Verwendung von Essig, denn auch Schönheit, eine glatte, feste Haut oder kräftiges Haar kommen immer aus dem Inneren – aus einem gesunden Körper.

Wenn Magensäure fehlt ...

• Bei geringer Magensäureproduktion gelangen unverdaute Eiweißmoleküle in tiefere Darmbereiche. Sie beginnen dort zu faulen und lösen oft heftige Darmstörungen wie Blähungen, Koliken und Durchfall aus.
• Diese so genannten Polypeptide gehen auch durch die Darmwand ins Blut. Dort werden sie vom Immunsystem als Fremdkörper angesehen und angegriffen. Die Folge: Lebensmittelunverträglichkeiten.
• Von den Zellen werden diese im Blut zirkulierenden Eiweißkörper nicht angenommen, deshalb gibt sie das Blut an die Haut ab. Es kommt zu mehr oder weniger schwerwiegenden Hauterkrankungen wie z. B. Pickeln, Pusteln, Ekzemen, Neurodermitis.

• Was aber noch viel folgenreicher ist: Während Vitamine zum Teil alleine aus dem Darm ins Blut schlüpfen und zu den Zellen gelangen, sind Spurenelemente wie Zink, Eisen, Selen oder Mangan auf Proteinträger angewiesen. Die lebenswichtigen Mineralien binden sich also an Aminosäuren. Wenn jedoch Magensäure fehlt, stehen diese kleinen Eiweißmoleküle nicht zu Verfügung. Die Folge: Der Körper leidet nicht nur an Eiweiß-, sondern auch an Mineralstoffmangel. Beschwerden und Krankheiten sind die unvermeidliche Folge.

15

Die besten Essigsorten für die feine Küche

Rosinenessig entsteht, indem Rosinen aus meist prämierten Weinanbaugebieten vergoren werden. Es entwickelt sich ein sherryähnlicher Geschmack. Rosinenessig wird nur tropfenweise verwendet.

Die Essigsäure als Hauptwirkstoff des Essigs ist in ihrer molekularen Struktur immer gleich. Weil aber jeder Wein und jede Obstart unterschiedlich schmecken und ihre ganz eigenen Aromen und Geschmacksnuancen entfalten, ist die köstliche Welt der Essigsorten enorm vielfältig. Hinzu kommt, dass sich nahezu jeder Essig durch Zugabe von Kräutern oder Gewürzen veredeln lässt. Die Vielfalt der Essigflaschen in der Küche ist demnach das Aushängeschild für individuelles und kreatives Kochen.

Weinessig

Der Standardessig in unserem Küchenregal ist Weinessig. Es gibt eine enorme Vielfalt der Sorten, denn Wein, die Ausgangssubstanz des Essigs, wird in unzähligen Ländern und Regionen aus weißen oder roten Trauben gewonnen. Der echte Weinessig trägt auf dem Etikett den Vermerk: »Aus 100 Prozent Wein hergestellt«. Es gibt auch den »falschen«, der aus hochprozentiger Essigessenz mit Wasser und anderen Zutaten vermischt wird. Weinessig hat einen Säuregehalt von 6 bis 10 Prozent, der rote schmeckt meist kräftiger als der weiße. Dunkler Weinessig eignet sich am besten für Wild, dunkles Fleisch und würzige Marinaden. Weißweinessig ist ideal für Salatdressings, Mayonnaisen, Fisch- und helle Fleischgerichte.

Sherryessig

So wie Aceto balsamico ein Geschenk Italiens ist, ist der Sherryessig – so z. B. der berühmte Vinaigre de Manzanilla – ein Beitrag Spaniens zur feinen Küche. Er reift unter Zugabe edler Kräuter in Holzfässern, wird sparsam verwendet und eignet sich ausgezeichnet für Saucen, Marinaden und Wild. Beim Sherryessig sollten Sie lieber etwas mehr Geld ausgeben. Die preisgünstigeren Sorten werden zu einem großen Teil aus Branntwein und Weinessig hergestellt.

Aceto balsamico

Er ist der König unter den Essigsorten – und dies seit Jahrhunderten. Zu Hause ist Aceto balsamico in der italienischen Provinz Modena, wie die Provinzen Venetien, Lombardei und Emilia Romagna in der Poebene gelegen.

Der Aceto balsamico mit dem würzigen Aroma wird dort traditionellerweise aus den kleinen, weißen Trebbiano-Trauben hergestellt. Sie sind sehr süß und entwickeln deshalb viel Alkohol. Zur Herstellung wird der Most aus besten Trauben einige Zeit gekocht. Dabei wird er dickflüssiger, und sein Zuckergehalt steigt. Anschließend kommt er in spezielle Fässer, wo zunächst die alkoholische Gärung beginnt. Später erst werden dem Wein bestimmte Essigkulturen zugesetzt, und ein edles Produkt kann reifen.

Je älter, desto wertvoller

Aceto balsamico wird über einen langen Zeitraum jährlich in edle Holzfässer, z. B. aus Maulbeer-, Kastanien-, Kirsch- oder Eschenholz und schließlich in Eichenfässer umgefüllt und gelagert.

Die edelsten Sorten lagern zuletzt in Wacholderholzfässern. Dabei nimmt der Essig den jeweils typischen Holzgeschmack an und vervollständigt sein Aroma. Bei dieser Prozedur dickt er langsam ein und verliert an Volumen. Zurück bleibt ein edles Geschenk der Natur, das sparsam verwendet wird.

Aceto balsamico ist eine kostbare und nicht ganz billige Spezialität. Das ist auch kein Wunder, immerhin lagert er bis zu dreißig, die edelsten Sorten bis zu hundert Jahren. Je jünger der Aceto balsamico, desto preisgünstiger kann man diesen leicht süßlich schmeckenden Essig kaufen. Jedoch gilt die einfache Regel: je älter, desto wertvoller. Sein kräftig würziger, leicht süßlicher Geschmack passt sehr gut in die italienische Küche und harmoniert gut mit Tomaten, Knoblauch, Mozzarella, Basilikum, Olivenöl und anderen feinen Zutaten aus der italienischen Küche.

Aus 70 Liter Traubenmost entstehen unter Umständen nur drei Liter edelster Aceto balsamico.

Obstessig für ein fruchtiges Aroma

Obstessig kann man noch mehr Fruchtaroma geben, indem man ihn mit einigen Tropfen des jeweiligen Fruchtsafts anreichert.

Nicht nur Weintrauben dienen als Grundlage für feine Essige. Auch aus anderen Früchten, wie z. B. Äpfel, Beeren, Birnen oder Kirschen, lassen sich fruchtig schmeckende Essigsorten herstellen.

Apfelessig

Apfelessig ist der Star unter den Obstessigsorten, weil er – vor allem als naturtrüber Essig aus dem Naturkostladen – sehr reich an Nährstoffen und zudem ein ausgezeichnetes Heilmittel ist. Apfelessig können Sie mit etwas Wasser mischen und vor den Mahlzeiten trinken. Er sorgt auf diese Weise für eine bessere Nahrungsverwertung. Dieser Obstessig ist sehr fruchtig, er gibt Mahlzeiten ein frisches Aroma. Beim Kauf sollten Sie genau auf das Etikett achten. Es ist nicht

18

überall Apfelessig drin, wenn »Apfelessig« auf der Flasche steht. Billige Sorten werden aus Essigessenz, Apfelsaft und Wasser zusammengemischt.

Beerenessig

Es gibt Beerenessig, der aus frischen Brombeeren, Himbeeren oder anderem Beerenobst gewonnen wird (nach dem auch für Wein- oder Apfelessig üblichen Herstellungsverfahren), aber auch solchen, der aus Beerenweinen erzeugt wird. Nicht selten werden dem Beerenessig nachträglich Aromastoffe zugesetzt, um den typisch-frischen Obstgeruch zu verstärken.
Beerenessig hat – bei guter Qualität – einen köstlich-feinen Geschmack und wird sehr sparsam verwendet, meist nur zum Würzen.

Birnenessig

Er ist ein Essig für Kenner, der im Handel selten angeboten wird. Gewonnen wird er auf die gleiche Weise wie Apfelessig, wobei

Birnensorten feinster Qualitäten Verwendung finden. Dieser Essig schmeckt sehr fruchtig-aromatisch und eignet sich – im Gegensatz zu den meisten anderen Essigsorten – auch für süße Speisen.

Kirschessig

Auch ihn gibt es nicht überall zu kaufen. Kirschessig ist etwas für Liebhaber, nicht gerade billig, mit roter bis tiefroter oder gar schwarzer Farbe. Er wird meist in kleine Behältnisse abgefüllt. Kirschessig eignet sich sehr gut zum Veredeln von Saucen für Wild oder Fleisch.

Spezielle Essigsorten

Kräuter- und Gewürzessig

Kräuter- und Gewürzessige gibt es in unüberschaubarer Vielfalt. Mit Phantasie und Kreativität kann man seine eigenen Essigsorten mit Kräutern oder Gewürzen ver-ändern. Als Basis dient am besten ein einfacher guter Standard- oder Apfelessig. Wie man seinen Essig selbst herstellen kann, lesen Sie bitte auf den folgenden Seiten. Aus-gezeichnete Kräuter-

oder Gewürzessigsorten sind aber auch im Handel erhältlich.

Malzessig

Ein Essig, der bei Briten und Asiaten recht beliebt ist. Er wird aus Vollkorngetreide und Malz gewonnen, ist schwer, dunkelgelb bis braun und schmeckt meist süßlich. Malzessig eignet sich besonders für Chutneys, asiatische Saucen oder für das Kochen im Wok.

Zitronenessig ensteht, indem man einfachem Weinessig ein paar Spritzer Zitronensaft beifügt und ihm somit eine fruchtig-frische Note gibt.

Essig selbst herstellen

Essig ist ein natürliches und äußerst wirkungsvolles Konservierungsmittel. Eingelegtes Gemüse bleibt so monatelang frisch.

Das Prinzip ist ganz einfach: Aus Fruchtsaft entsteht Most oder Wein. Und aus diesem wiederum entwickelt sich durch Einwirken von Essigsäurebakterien das Endprodukt Essig. Essig ist also ein Lebensmittel, das über zwei Stufen entsteht.

Weinessig

Kaufen Sie einen guten roten oder weißen Wein aus möglichst biologischem Anbau. Rote und weiße Sorten sollten jedoch nicht miteinander gemischt werden.

❶ Der Wein wird in ein bauchiges Gefäß aus Steingut oder Glas gefüllt, das vorher sehr sorgfältig gereinigt wurde. Das Gefäß wird zu gut zwei Dritteln mit dem Wein gefüllt und mit einem luftdurchlässigen Baumwolltuch abgedeckt.

❷ Der Behälter wird an einen warmen Ort gestellt, der nicht zu hell ist. Die ideale Temperatur liegt zwischen 25 bis 29 °C. Vorsicht: Sind die Temperaturen zu niedrig, entwickelt sich keine Essigsäurebakterienkultur. Bei zu hohen Temperaturen werden diese wichtigen, Essig erzeugenden Bakterien abgetötet.

❸ Schon nach wenigen Tagen bildet sich die so genannte Kahmschicht oder Essigmutter, eine klebrige Masse, die voller

Essigsäurebakterien ist. Das Behältnis sollte ab und zu leicht geschüttelt werden, damit Sauerstoff auch in tiefere Schichten dringt. Die Essigmutter darf aber an ihrer Oberfläche nicht nass werden, sonst sinkt sie ab und wird zerstört.

❹ Nach etwa fünf bis sechs Wochen ist Ihr Essig fertig. Er wird gefiltert (durch ein Leinentuch oder einen Kaffeefilter), danach in sauber ausgewaschene und getrocknete, dunkle Flaschen gefüllt und an einem dunklen, kühlen Ort gelagert.

Apfelessig

Die Herstellung von Apfelessig beginnt bereits eine Stufe vorher – beim Apfelsaft. Sie kaufen den naturtrüben Saft im Reformhaus oder Bioladen. Noch besser: Sie verwenden Bioäpfel, die Sie zerkleinern und samt Stiel, Schale und Kerngehäuse durch die Saftpresse geben. Ideal ist eine Mischung: etwa 90 Prozent sehr süße Äpfel, die viel Alkohol ergeben, 10 Prozent sollten saure Äpfel sein, die dem Endprodukt fruchtige Säure mitgeben.

❶ Der Apfelsaft kommt so, wie er aus der Presse läuft, samt allen Unreinheiten und Schwebeteilchen, in einen Steingut- oder Glaskrug. Um die Gärung zu beschleunigen,

können Sie etwas Trockenhefe oder Schwarzbrot dazugeben.

❷ Das Gefäß muss verschlossen werden, die durch die einsetzende Gärung entstehenden Gase müssen aber trotzdem entweichen können. Das Problem löst man, indem man dem Krug eine Plastikeinkaufstüte oder einen Luftballon aufsetzt. Tüte oder Ballon müssen fest mit dem Krugrand verbunden werden (z. B. durch Gummiringe).

❸ Das Gefäß wird bei 25 bis 29 °C gelagert, bis sich aus dem Apfelsaft alkoholreicher Apfelmost entwickelt hat. Dies kann zwischen zwei und sechs Wochen dauern.

❹ Danach verfährt man für die Entwicklungsgärung zum Endprodukt Essig ganz genau wie beim Weinessig.

Einfacher Tafel- oder Weinessig ist eine ideale Küchenhilfe überall dort, wo es darum geht, zu desinfizieren und zu entkalken.

Essig mit Kräutern verfeinern

Alle in der Natur wachsenden Kräuter lieben Essig ebenso wie das Pflanzenöl. Alle bekannten Küchenkräuter binden sich in ihrem Aroma ganz vorzüglich mit Essig oder Öl.

Weil es nun viele Essigsorten gibt und noch viel mehr Kräuter- oder Gewürzarten, ist beim Selbstherstellen die Phantasie gefragt. Fehler können nicht gemacht werden. Man greift ganz einfach zu Thymian, Majoran, Basilikum oder Rosmarin und setzt die Kräuter seinem Essig zu – als Einzelkräuter oder in einer beliebigen Kombination. Werden Sie kreativ und probieren Sie es einfach aus. Der Essig löst die Wirkstoffe der Kräuter, verstärkt sie und wird dabei oft selbst milder und feiner.

Weitere geeignete Kräuter sind: Estragon, Melisse, Liebstöckel, Minze, Oregano, Salbei, Dill, Petersilie oder Bohnenkraut. Mit Gewürzen, aber auch mit Knoblauchzehen oder Zwiebeln kann man seinem Produkt zusätzlich eine gewisse Rafinesse geben.

Bewahren Sie Essig am besten in Glasflaschen oder Gefäßen aus Edelmetall auf. Metalle aus Aluminium, Kupfer, Eisen oder Zink sind nicht geeignet. Sie werden von der Essigsäure angegriffen, und die Speisen nehmen einen metallischen Geschmack an.

Geben Sie die gewaschenen Kräuter in die Essigflasche und lassen Sie den Essig einige Tage bzw. bis zu 4 Wochen stehen. Probieren Sie ihn immer wieder mal, ob er bereits das gewünschte Aroma erreicht hat. Es dauert einige Zeit, bis sich alle Aromastoffe entfalten. Hat der Essig sein volles Aroma erreicht, seihen Sie ihn ab und verwenden Sie ihn in der Küche.

In helle Flaschen abgefüllt und mit einem hübsch gestalteten Etikett geschmückt ist der eigene Kräuteressig ein persönliches Geschenk.

Würziger gemischter Kräuteressig

Für 1 Flasche à 1 l

2 EL Basilikum
2 EL Thymian
2 EL Majoran
2 EL Liebstöckel
2 EL Petersilie
2 Knoblauchzehen
1 EL Senfkörner
7 schwarze Pfefferkörner
1 l Apfel- oder Weißweinessig

Zubereitung

Die Kräuter waschen, gut abtropfen lassen und etwas zerkleinern. Die Knoblauchzehen schälen und halbieren. Alle Zutaten in einem Glas oder einer Flasche mit Essig übergießen und verschließen. Das Behältnis an einen dunklen, kühlen Ort (am besten in einen luftigen Keller bei 18 bis 20 °C) stellen. Ab und zu mit einem Holz- oder Plastiklöffel umrühren und probieren. Wenn Sie mit dem Geschmack zufrieden sind (nach ungefähr 2 bis 4 Wochen), den Essig durch ein Sieb oder einen Kaffeefilter in Flaschen abfüllen. Die Flaschen mit einem gut sitzenden Korken oder einem Schraubverschluss verschließen. In braunen oder grünen Flaschen hält sich das Aroma am längsten. Zur Dekoration können Sie einige frische Kräuterzweige zugeben. Bis zum Verbrauch sollte der Essig gut verschlossen an einem dunklen, kühlen Ort aufbewahrt werden. So gelagert, hält er sich mindestens ein halbes Jahr.

Verwendung

Kräuteressig ist vielseitig verwendbar. Mit Kräuteressig können Sie praktisch jedes Gemüse- und Fleischgericht sowie Salate und sogar manche Süßspeise verfeinern. Er wirkt anregend auf den Stoffwechsel und fördert den Appetit.

Knoblauchessig

Für 1 Flasche à 1 l

10 frische Knoblauchzehen
1 TL schwarze Pfefferkörner
1 Lorbeerblatt
1 l Weißweinessig

Zubereitung

Knoblauchzehen und Pfefferkörner zerdrücken. Zusammen mit dem Lorbeerblatt in Essig ansetzen. Etwa 2 Wochen an einem dunklen, kühlen Ort ruhen lassen. Zwischendurch öfter mal abschmecken, ob er nicht zu stark wird.

Verwendung

Knoblauchessig passt ausgezeichnet zu Gemüsesuppen, Saucen aller Art, Fisch- und Fleischgerichten, in kleinen Mengen auch zu Salatsaucen. Knoblauchessig kann hohem Blutdruck vorbeugen und bei Magen- und Darmstörungen helfen.

Erlesene Öle

Pflanzenöl – ein wertvolles Naturprodukt

Wenn im Frühling eine kleine Pflanze aus dem Erdreich sprießt, haben ihre Zellen die Aufgabe, aus Kohlenstoff, Wasserstoff und Sauerstoff Fettmoleküle aufzubauen. Fettmoleküle sind für jede Pflanze wichtig. Sie lagert sie in Blättern, Blüten, Früchten oder Stängeln ein und bildet damit eine wasserundurchlässige Schutzschicht. Ohne diese Schicht würden die Nährflüssigkeiten, die die Pflanze dem Boden entzogen hat, verdunsten und der Pflanze verloren gehen.

Wenn Keime, Kerne oder Samen im Herbst auf die Erde fallen, hat sie die Mutterpflanze in einen Ölmantel gehüllt. Dieser Mantel schließt Chromosomen und Gene, die die Erbanlagen weitertragen, ein und schützt sie so lange, bis der Samen ins Erdreich eingedrungen ist und später eine neue Pflanze hervorbringt.

Nicht nur im Pflanzenreich spielen die Öle eine wichtige Rolle, sondern auch in den rund 70 Billionen menschlichen Körperzellen sind sie von großer Bedeutung und lagern sich in die Membranen (Zellwände) ein, die die Zelle vor Austrocknung und vor krankheitserregenden Keimen oder aggressiven Fremdstoffen schützen.

> **Linolsäure ist eine der lebenswichtigen Fettsäuren, die wir z. B. über Sonnenblumen-, Soja- oder Distelöl aufnehmen können.**

Auf Pflanzen angewiesen

Während Pflanzen die wichtigsten Fettmoleküle selbst herstellen können, ist der menschliche Stoffwechsel dazu aber nicht oder nur in geringem Maße in der Lage. So ist der Mensch darauf angewiesen, diese kostbaren Verbindungen der Pflanze zu nutzen und diese über die Nahrung, z. B. über Avocados, Nüsse, Kerne, Samen oder Sojaprodukte aufzunehmen. Die darin enthaltenen oder daraus gewonnenen, hochwertigen Pflanzenöle liefern uns lebenswichtige (essenzielle) Fettsäuren. Ohne sie würden die Zellen vorzeitig welken, die Haut würde altern und wir würden krank und unglücklich werden.

Bedeutung der Fettsäuren

Fettsäuren sind für alle Menschen gleichermaßen lebenswichtig, für bestimmte Grupppen auf dem täglichen Speiseplan nahezu unerlässlich:

• für Übergewichtige: Sie senken Fettwerte im Blut und sorgen für einen geregelten Cholesterin-haushalt.

• für Kinder: Sie sorgen für den Aufbau neuer Zellen und deren Wachstum.

• für ältere Menschen: Sie verbessern die Sehkraft und steigern die Konzentrationsfähigkeit.

• für Gestresste: Sie verbessern die Durchblutung und beugen Herz-Kreislauferkrankungen vor.

• für Nervöse: Sie helfen bei Schlafstörungen und beruhigen die Nerven.

• bei kosmetischen Problemen: Sie machen Haut, Haare und Nägel gesünder und schöner, halten die Körperzellen jung und beugen Venenerkrankungen wie z. B. Krampfadern vor.

Ein Mangel an essenziellen, also lebensnotwendigen Fettsäuren führt zu Befindlichkeitsstörungen, Beschwerden (siehe Kasten unten) und schließlich zu ernsthaften Krankheiten. Die Ernährungswissenschaft empfiehlt deshalb, dass mindestens die Hälfte, besser zwei Drittel, des täglichen Fettkonsums aus pflanzlichen Ölen mit reichlich ungesättigten Fettsäuren bestehen sollte.

Zu viel Fett ist ungesund. Wenn wir Speisen zubereiten, sollten wir den wertvollen Pflanzenölen den Vorzug geben.

Mangelerscheinungen

Fehlen die lebenswichtigen Fettsäuren, können folgende Symptome auftreten:

• trockene, rissige Haut, Ekzeme, Schuppenbildung
• brüchiges Haar, Spliss, Haarausfall
• brüchige Fingernägel
• Krampfadern, Besenreiser
• Anfälligkeit für Infektionen
• Unruhe, Gereiztheit, Nervosität, Aggressionen
• Untergewicht
• Wachstumsstörungen bei Kindern
• Libidomangel, Impotenz, Unfruchtbarkeit

Schutz für empfindliches Öl

Fettsäuren sind Bestandteil von Fetten oder Ölen. Einige von ihnen sind für uns nicht gesund, wenn wir sie in größeren Mengen zu uns nehmen.

Dies sind gesättigte Fettsäuren, wie sie überwiegend in Fleisch, Wurstwaren, Käse und anderer tierischer Nahrung vorkommen. Die gesunden Fettsäuren, die mehrfach ungesättigten, sind – abgesehen von Seefisch, wie z. B. Makrelen – in pflanzlicher Kost enthalten.

freien Radikale sind aggressive Moleküle, die gerne chemische Reaktionen eingehen.

Antioxidantien

Es gibt Schutzstoffe gegen die freien Radikale, die so genannten Antioxidantien, die chemische Angriffe auf wertvolle Fettsäuren abwehren. Beispiele für diese Antioxidantien sind Vitamin E, Vitamin C oder Beta-Karotin. Solange die mehrfach ungesättigten Fettsäuren in der Pflanzenzelle oder auch in der Ölflasche geschützt sind (durch Vitamin E), können ihnen freie Radikale nichts anhaben. Ohne diesen Schutz werden sie rasch zerstört, das Öl wird ranzig und ungenießbar. Deshalb sind hochwertige Pflanzenöle nur geringe Zeit haltbar und müssen schnell verbraucht werden. Sie sollten zusammen mit naturbelassenen Lebensmitteln verzehrt werden, um noch im Körper möglichst lange von natürlichen Stoffen geschützt zu werden.

Ungesättigte Fettsäuren

Die kostbarsten Fettsäuren in Pflanzenölen, die mehrfach ungesättigten, sind sehr empfindlich und werden unter dem schädlichen Einfluss von Luft, Licht oder Hitze durch freie Radikale verändert. Diese

einmal ein US-Biochemiker erklärt – »ist nichts anderes als ein Stück Natur, das in uns hineingewachsen ist. Unser Darm bleibt mit der Natur verbunden, er braucht die Nahrung, die ihm die Pflanzenwelt liefert.«

Ein Salat- oder Rohkostteller mit Pflanzenöl-Dressing wirkt in unserem Körper besonders segensreich. »Unser Bauch« – so hat es

Schutz vor Arteriosklerose

Die vorbeugende Wirkung der Antioxidantien Vitamin E, C und Beta-Karotin in Bezug auf Arteriosklerose wird in den letzten Jahren intensiv erforscht. Wissenschaftler diskutieren, die empfohlene Zufuhrmenge zu erhöhen.

Ohne die Anwesenheit von Fett kann der Körper die fettlöslichen Vitamine A, D, E und K aus der Nahrung gar nicht aufnehmen. Ein Möhrensaft mit hohem Anteil an Provitamin A sollte immer mit drei bis vier Tropfen Öl getrunken werden.

Was bedeutet »ungesättigte« Fettsäuren?

• Ein Fettmolekül besteht aus einem Glyzerin-Molekül, das sich an drei Fettsäuren bindet. Deshalb spricht man auch von »Triglyzeriden«.

• Triglyzeride unterscheiden sich in den Fettsäuren; sie können gesättigt oder ungesättigt sein und haben einen Einfluss darauf, ob wir dick oder schlank, krank oder gesund sind.

• Fettsäuren sind aus einer Kette von Kohlenstoffatomen aufgebaut, die jeweils Bindungen mit Wasserstoff eingehen. Wenn alle Kohlenstoffatome mit Wasserstoff verbunden sind, spricht

man von gesättigten Fettsäuren. Sie sind also »satt«.

• Weil sie »satt« sind, gehen sie im Stoffwechsel nicht mehr gerne Bindungen ein. Sie werden daher in Fettpölsterchen an Bauch und Hüfte eingelagert.

• Die guten, ungesättigten Fettsäuren enthalten Kohlenstoffatome, die noch frei sind und gerne Bindungen eingehen. Wenn nur ein Atom »Single« ist, ist die Fettsäure einfach ungesättigt. Sind mehrere Atome unbesetzt, spricht man von einer mehrfach ungesättigten Fettsäure.

Wissenswertes über Fettsäuren

Zu den essenziellen Fettsäuren zählen die Linol-, Linolen-, Arachidon- und Eicosapentaensäure. Letztgenannte nehmen wir überwiegend durch Seefisch auf. Nüsse, Samen, Kerne, Vollkornprodukte und hochwertige Pflanzenöle liefern Linolsäure. Arachidonsäure ist eine typische Fleischfettsäure. Ein Zuviel davon kann zu Entzündungen und entzündungsbedingten Schmerzen (z. B. Rheuma, Kopfschmerzen) führen.

Beim Fett in einem Schweinebraten handelt es sich um so genanntes Depotfett der Tiere. Dieses Fett besteht überwiegend aus gesättigten, für den Körper wenig wertvollen Fettsäuren. Deshalb sollten Sie fettes Fleisch meiden.

Zusammensetzung der Pflanzenöle

Es gibt sehr viele verschiedene Pflanzenöle, denn die Zahl der ölhaltigen Früchte und Samen, aus denen das Öl herausgepresst wird, ist ebenso vielfältig. Hauptunterscheidungskriterium der

Pflanzenöle ist ihre Zusammensetzung und damit der Gehalt an gesättigten und ungesättigten Fettsäuren. Fette aus gesättigten Fettsäuren sind bei Zimmertemperatur fest, wie z. B. Speck.
Fette mit einem hohen Anteil ungesättigter Fettsäuren bleiben bei Zimmertemperatur flüssig – das sind die Öle.

Je höher der Anteil an mehrfach ungesättigten Fettsäuren, desto wertvoller ist das Öl für unsere Gesundheit. Beispiel: Distelöl oder Walnussöl. Dieses wertvolle Öl sollte jedoch nicht zum Anbraten oder Frittieren verwendet werden, weil die Fettsäuren bei Hitze zerstört werden. Sie eignen sich besonders für die kalte Küche, wo ihr feines Aroma am besten zur Geltung kommt. Wer mit Fett beim Braten oder Frittieren hohe Temperaturen erreichen möchte, greift zu Fetten mit gesättigten Fettsäuren, wie z. B. Kokosfett oder Palmöl.

Je nach Herkunftsland sind die Fettsäuregehalte der bei uns erhältlichen Pflanzenöle

verschieden. Je weniger sonnenbegünstigt, rauer oder kälter die Region ist, desto unterschiedlichere Arten ungesättigter Fettsäuren entwickeln die Pflanzen. Das gilt auch in der Tierwelt. Kaltwasserfische beispielsweise ent-halten besonders viele mehrfach ungesättigte Fettsäuren. Das hängt damit zusammen, dass ihr Blut nicht durch die kalten Wassertemperaturen dickflüssig werden darf. Weitere Beispiele aus der Tierwelt sind Pinguine, Rentiere und andere Tiere, die in frostigen Regionen leben. Damit das Blut in ihren Füßen nicht gefriert, konzentriert sich in den Adern ein hoher Gehalt an ungesättigten Fettsäuren.

Wer unter Durchblutungs-störungen leidet, sollte zu Pflanzenölen mit hohem Anteil an einfach und mehrfach ungesättigten Fettsäuren greifen.

Fettsäurengehalt in Pflanzenölen

	einfach ungesättigt	mehrfach ungesättigt	gesättigt
Avocadoöl	74 %	8 %	18 %
Distelöl	13 %	79 %	8 %
Erdnussöl	61 %	21 %	18 %
Kürbiskernöl, Leinöl, Maiskeimöl	29 %	54 %	17 %
Mandelöl	70 %	21 %	9 %
Olivenöl	80 %	10 %	10 %
Palmkernöl	15 %	1 %	84 %
Rapsöl	18 %	64 %	18 %
Sesamöl	46 %	41 %	13 %
Sojaöl	27 %	59 %	14 %
Sonnenblumenöl	26 %	65 %	9 %
Walnussöl	22 %	64 %	14 %
Weizenkeimöl	22 %	62 %	16 %

Gewinnung und Qualität von Pflanzenölen

Pflanzenöle unterscheiden sich nicht nur im Rohmaterial und in ihrem Anteil gesättigter, einfach und mehrfach ungesättigter Fettsäuren, sondern auch in der Art, wie sie gewonnen werden. Die Ölherstellung beeinflusst die spätere Ölqualität wesentlich.

Kaltgepresste Pflanzenöle

Kaltgepresste Pflanzenöle werden aus ölhaltigen Pflanzen oder Samen gewonnen, indem diese zerkleinert und »kalt«, d. h. ohne zusätzliche Erhitzung, ausgepresst werden. Dabei fließt das kostbare Öl aus. Es entstehen im Vergleich zum Ölgewinnungsverfahren der Raffination nur Temperaturen von etwa 40 °C (oder etwas mehr), die das Öl jedoch kaum verändern. Bei dieser Art der Herstellung fließt nur wenig Öl aus, ein erheblicher Anteil verbleibt in den Samen und Früchten. Deshalb ist kaltgepresstes Öl sehr teuer. Es wird auch als »nativ« bezeichnet.

Kaltgepresste Öle sind sehr geschmacksintensiv und am besten für Rohkost und Salate geeignet. Zum Anbraten sollten sie nicht verwendet werden.

Raffinierte Pflanzenöle

Um eine höhere Ausbeute bei der Ölpressung zu erzielen, haben Hersteller eine Technik entwickelt, mit deren Hilfe den Früchten oder Samen wesentlich mehr

Öl entzogen wird: die Raffination. Mit Hilfe hoher Temperaturen und chemischer Lösungsmittel wird ein Großteil des Ölgehaltes aus Samen und Früchten herausgelöst. Dabei entsteht ein rohes Öl, das in dieser Form – weil es Fremdstoffe enthält – meist ungenießbar ist. Dieses Öl muss man zunächst noch entsäuern, bleichen, entschleimen und destillieren, um es genießbar zu machen. Es ist zwar meist preisgünstiger als kaltgepresstes Öl, hat aber auch Nachteile. Vitamin E und Karotene (Vorstufen des lebensnotwendigen Vitamin A) gehen beim industriellen Raffinieren zum großen Teil verloren. Ebenso verändern sich Aromastoffe. Raffinierte Öle sind jedoch haltbarer und hitzestabiler als kaltgepresste. Raffinierte Pflanzenöle sind dann geeignet, wenn kein ausgeprägtes Ölaroma erwünscht ist. Sie können zum Braten, Schmoren und Frittieren verwendet werden.

Kennzeichnung

• Kaltgepresste Pflanzenöle werden als »kaltgepresst« oder »nativ« gekennzeichnet.
• Wenn dieser Vermerk auf dem Etikett fehlt, wurde das Öl raffiniert.
• In Naturkostläden gibt es meist eine Auswahl an »nativen« Ölen oder an Pflanzenölen, die zwar nicht diese höchste Qualität erreichen,

dafür aber in schonenden Verfahren gewonnen wurden. Diese Öle sind preiswerter, enthalten aber trotzdem viele wertvolle Inhaltsstoffe.
• Achten Sie auf folgende Qualitätsbezeichnungen: »unraffiniert«, »nicht raffiniert«, »erste Kaltpressung«, »kaltgepresst« – dann kaufen Sie Öl von hoher Qualität.

Haltbarkeit wertvoller Öle

Pflanzenöle sollten Sie am besten in kleineren Flaschen kaufen. Je hochwertiger die Öle, desto rascher müssen sie verbraucht werden. Licht oder Luft ausgesetzt, verlieren sie Aroma, Vitamine und andere kostbare Substanzen. Pflanzenöle sollten dunkel und kühl aufbewahrt werden; deshalb werden sie meist in dunkle Flaschen abgefüllt. Bereits geöffnete Flaschen sollten Sie gut verschließen und im Kühlschrank aufbewahren.

Im Kühlschrank gelagerte Pflanzenöle können durch die niedrige Temperatur ausflocken; sie verlieren ihre Qualität dabei aber nicht. Die kleinen Flocken lösen sich wieder auf, sobald das Öl Zimmertemperatur erreicht.

Worauf Sie im Umgang mit Ölen achten sollten

Gehärtete Fette sind auch in Gebäck und anderen Knabberartikeln enthalten. Im Zutatenverzeichnis auf dem Etikett steht dann »pflanzliche Fette, z. T. gehärtet«.

Solange sich die ungesättigten Fettsäuren noch in den Samen und Früchten befinden, sind sie vor Licht und Hitze geschützt. Sobald sie aber isoliert in Form von Pflanzenöl aufbewahrt und verwendet werden, sind sie sehr empfindlich. So vertragen sie Brathitze zum Beispiel überhaupt nicht und zersetzen sich.

Forscher haben herausgefunden, dass sich Fettsäuren in einer für den Körper wertvollen cis-Struktur unter Hitzeeinwirkung chemisch umwandeln in die so genannte trans-Struktur, die für den menschlichen Körper nur noch bedingt verwertbar ist.

Beispiel: Margarine wird in der industriellen Herstellung vorwiegend aus pflanzlichen Fetten unter Einfluss hoher Temperaturen und unter hohem Druck hergestellt. Dieses Verfahren nennt man Fetthärtung. Bei diesem Prozess werden cis-Fettsäuren in die trans-Form umgewandelt, die nach neuen Erkenntnissen möglicherweise krankheitserregend ist.

Nicht zu stark erhitzen

Pflanzenöle dürfen nicht so stark erhitzt werden, dass sie zu rauchen beginnen, denn dabei zersetzen sie sich. Zu stark erhitztes Öl ist verdorben und sollte nicht mehr verwendet werden, denn es kann krebsverdächtige Stoffe enthalten. Pommes frites, Kalamares oder Hähnchenschlegel sollten dann nicht mehr verzehrt werden. Fette aus

gesättigten Fettsäuren, wie z. B. Platten- oder Kokosfett, eignen sich besser für hohe Temperaturen. Pflanzenöle mit einem hohen Anteil mehrfach ungesättigter Fettsäuren (z. B. Distel- oder Sonnenblumenöl) dürfen nicht zum Frittieren verwendet werden.

Pflanzenöle senken den Cholesterinspiegel

Cholesterin ist für unseren Körper sehr wichtig. Es ist z. B. Baustein jeder Zelle und sorgt somit für deren Stabilität. Weiterhin bildet der Körper aus Cholesterin Hormone, Kortison und Vorstufen von Vitamin D, das für den Knochenstoffwechsel wichtig ist. Außerdem ist Cholesterin Grundstoff der Gallensäuren, die für eine geregelte Fettverdauung sorgen.

Nehmen wir über die Nahrung zu viel Cholesterin auf, kann der Körper nicht mehr alles in die Zellen einschleusen und überschüssiges Cholesterin zirkuliert im Blut. Auf diese Weise entsteht eine der Hauptursachen für Bluthochdruck, Arteriosklerose, Herzinfarkt oder Schlaganfall. Pflanzliche Lebensmittel enthalten kein Cholesterin und sind reich an ungesättigten Fettsäuren (siehe untenstehender Kasten). Diese Fettsäuren können zu einer Senkung des Cholesterinspiegels im Blut führen, wenn gleichzeitig die Aufnahme gesättigter Fettsäuren eingeschränkt wird.

Tierische Lebensmittel wie Fleisch und Käse liefern gesättigte Fettsäuren und Cholesterin. Besonders viel Cholesterin sammelt sich in der Haut eines Grillhähnchens.

35

Cholesterin senkende Lebensmittel

Wenn bei Ihnen ein erhöhter Cholesterinspiegel festgestellt wurde, sollten Sie bei folgenden Lebensmitteln bevorzugt zugreifen:
• ölhaltige Hülsenfrüchte wie Sojabohnen, Bohnen, Erbsen und Linsen
• ölhaltige Getreidearten wie Weizen, Roggen, Dinkel, Gerste und Hafer, außerdem Naturreis und Buchweizen
• Kaltwasserfisch wie Makrele, Hering, Heilbutt, Lachs, Kabeljau
• alle scharfen Nahrungsmittel wie Rettich, Meerrettich, Pfeffer, Zwiebeln, Knoblauch

Die köstliche Vielfalt der Pflanzenöle

Jede Pflanze hat ihr ganz eigenes Rezept der Ölherstellung. Genauso, wie Pflanzen mehr Hormone bilden können als wir Menschen und viel empfindlicher auf Lichtstrahlen und Temperaturunterschiede reagieren, ist auch das Konzert ihres Zelllebens, mit dem sie ihre Fette synthetisieren, unbeschreiblich fein. Jede Ölsorte gibt uns ihr Aroma und ihren Geschmack auf köstliche Weise weiter, und vor allem die nicht raffinierten, kaltgepressten Pflanzenöle weihen ein in die Geheimnisse der Natur. An Aroma und Geschmack sind wertvolle Pflanzenöle so vielfältig wie Obst- oder Gemüsesorten.

Avocadofrüchte liefern neben dem kostbaren Öl große Mengen an Kalium, Kalzium und Eisen. Unter den Obstsorten liefern sie den größten Anteil an B-Vitaminen.

36

Avocadoöl

Das Fruchtfleisch dieser Steinfrucht enthält bis zu 30 Prozent eines feinen Ölgemischs, mit hohem Anteil (rund 14 Prozent des gesamten Fettsäureanteils) an der essenziellen Linol-Fettsäure. Rund drei Viertel der im Avocadoöl enthaltenen Fettsäuren sind einfach ungesättigt. Deshalb eignet sich dieses Öl besonders gut zum Kochen und kann entsprechend hoch erhitzt werden.

Palmkernöl und Palmöl

Aus dem Fruchtfleisch und den Samenkernen der Früchte der Ölpalme werden zwei Öle gewonnen, Palmkernöl und Palmöl. Das weißlichgelbe Palmkernöl ist fest und wird erst durch Erwärmen flüssig. Palmkernöl enthält vorwiegend gesättigte Fettsäuren und erinnert an Kokosfett. Es eignet sich hervorragend zum Braten und Frittieren, weil es stark erhitzt werden kann. Palmöl dagegen hat eine dunkelgelbe bis gelbrote Farbe, schmeckt süßlich und enthält nur wenig mehrfach ungesättigte Fettsäuren.

Olivenöl

Dieser Klassiker unter
den Pflanzenölen
gedeiht im milden
Klima Italiens, Griechenlands,
Spaniens und Portugals.
Olivenbäume bevorzugen das
Mittelmeerklima mit heißen
Sommer- und gemäßigten
Wintertemperaturen. Im November,
wenn auch im heißen Süden der
Sommer vorüber ist und die grüne
Farbe noch unreifer Früchte in
schwarz umschlägt, dann ist es Zeit,
die empfindlichen Früchte für die
Ölgewinnung zu ernten.

Höchste Sorgfalt bei der Olivenernte

Werden die empfindlichen Früchte
überreif geerntet oder wird das
Fruchtfleisch bei der Ernte verletzt,
verändern fruchteigene Enzyme die
Fettsäuren und mindern die
Qualität des Öls. In der Ölmühle
werden die Oliven zwischen zwei
schweren Mühlsteinen vermahlen.
Das Olivenmus wird nochmal
gepresst, das Ergebnis ist ein
Rohöl, das von Wasser und großen
Partikeln gereinigt werden muss.
Die höchste Qualitätsstufe haben
Olivenöle mit der Bezeichnung
»extra vergine« bzw. »natives
Olivenöl extra«. Je nach Region
variieren die Sorten im Ge-
schmack zwischen mild und

intensiv-fruchtig. »Natives Olivenöl«
wird durch mechanische Verfahren
gewonnen und ist somit ein kaltgepresstes Öl. Es ist an seiner
grünen Farbe zu erkennen. Ist auf
dem Etikett nur »Olivenöl« ver-
merkt, handelt es sich um raffiniertes Öl. Ähnlich wie beim Wein
beeinflussen Sorte, Herkunft, Lage
und Klima Geschmack und Farbe
des Öls. Kaum ein anderes Öl ist
so vielseitig in seinem Geschmack –
es kann bitter oder süßlich, fruchtig
oder nussig, kräftig oder mild
schmecken. Olivenöl eignet sich
für Salate und Rohkostteller ebenso
wie zum Marinieren und für
Mayonnaisen oder
Saucen.

**In guten Jahren können
aus 40 Kilogramm
Oliven rund acht Liter
Öl gepresst werden.**

Besonders beliebte Öle

Sonnenblumenöl

In den gelben Blüten der Sonnenblumen sitzen die Kerne, aus denen ein helles, vielseitig verwendbares Öl für Salat, Gemüse, Pilze, zum Marinieren und Kochen gewonnen wird. Sonnenblumenöl liefert große Mengen an mehrfach ungesättigten Fettsäuren und enthält viel Vitamin E, das die empfindlichen Fettsäuren gegen freie Radikale schützt. Sonnenblumenöl zeichnet sich durch seinen milden Geschmack aus. Wegen des hohen Fettgehaltes der Sonnenblumenkerne ist die Ausbeute beim Verfahren der Kaltpressung zufriedenstellend. Es gibt kaltgepresste und raffinierte Sonnenblumenöle zu kaufen.

Sojaöl

Soja- und Tofuprodukte gewinnen bei uns immer mehr Liebhaber. Zu Recht: Sojaöl ist reich an Lezithin und den darin enthaltenen B-Vitaminen Cholin und Inositol. Das Öl hat eine gelbe bis gelbgoldene Farbe, ist reich an mehrfach ungesättigten Fettsäuren, eignet sich wegen seines vergleichsweise neutralen Geschmacks bestens für Salate aller Art, für Mayonnaisen, Dressings, Saucen, Dips, aber auch zum Dünsten und Kochen. Sojabohnen haben von Natur aus einen recht niedrigen Fettgehalt. Aus diesem Grunde kann Sojaöl nicht durch Kaltpressung gewonnen werden. Das Öl aus diesen Hülsenfrüchten wird mit Hilfe von Extraktionsmitteln aus den Früchten gelöst.

Maiskeimöl

Maiskeimöl wird aus dem fettreichen Keim des Maiskorns gewonnen. Das Pflanzenöl hat eine goldgelbe bis rötliche Farbe und zeichnet sich durch einen hohen Gehalt an mehrfach ungesättigten Fettsäuren aus. Es eignet sich daher besser zum Dünsten und Kochen als zum Braten. Sein neutrales Aroma verträgt sich ausgezeichnet mit allen Gemüsesorten; Maiskeimöl ist ideal zum Anmachen von Salaten oder Rohkosttellern.

Weizenkeimöl

Weizenkeimöl, das aus den fettreichen Keimen des Weizens gewonnen wird, ist ein überaus beliebtes und ernährungsphysiologisch sehr wertvolles Pflanzenöl. Es enthält viel Vitamin E und ist reich an mehrfach ungesättigten Fettsäuren. Das goldgelbe Öl ist außerordentlich vielseitig verwendbar, sollte wegen seines niedrigen Rauchpunkts jedoch nicht zum Braten verwendet werden. Geschmack und Geruch dieses Keimöls erinnern an Getreide. Weizenkeimöl verfeinert alle Gemüsesorten, Pilzgerichte, Salate und Rohkostteller.
Weizenkeimöl ist sehr empfindlich gegenüber Sauerstoff und wird daher fast ausschließlich durch Kaltpressung gewonnen.

Rapsöl

Rapsöl ist ein ausgezeichnetes, sehr vielseitig verwendbares Öl mit hellgelber Farbe. Es enthält die fettlöslichen Vitamine A (wichtig für gutes Sehen), E (Schutz vor freien Radikalen) und K (unerlässlich bei der Blutgerinnung). Rapsöl schmeckt neutral und lässt sich zum Braten von Fleisch oder Fisch und für alle Gemüsegerichte verwenden. Neueste Studien deuten darauf hin, dass Rapsöl bestimmte Stoffe enthält, die eine günstige Wirkung auf Blutfette und Cholesterinwerte haben.

Pflanzenöl

Kaufen Sie ein schlicht als »Pflanzenöl« deklariertes Speiseöl, so handelt es sich nicht um ein Öl aus einem einzigen Rohstoff, sondern um ein Ölgemisch aus unterschiedlichen ölhaltigen Saaten, wie zum Beispiel Sonnenblumenkernen und Erdnüssen. Es ist eher neutral im Geschmack und deshalb universell einsetzbar.

»Versteckte« Fette in Wurstwaren, Käse und anderen Milchprodukten liefern meist gesättigte Fettsäuren. Wer hier spart, kann mit den wertvollen Pflanzenölen ruhig etwas großzügiger umgehen.

Nussige Öle aus Samen und Kernen

Sesamöl enthält die charakteristische Verbindung Sesamol, ein eigenes Antioxidationsmittel, das die wertvollen Fettsäuren vor freien Radikalen schützt. Sesamöl wird deshalb nicht so schnell ranzig und lässt sich länger aufbewahren.

Kürbiskernöl

Das Öl aus Kürbiskernen ist vielleicht der heimliche Star unter allen Pflanzenölen. Es ist eine besondere Kostbarkeit, vor allem für alle kalten Gerichte, Saucen, Dressings, Dips oder Salate. Das grünliche Öl mit einem Reichtum an mehrfach ungesättigten Fettsäuren hat einen ausgeprägten Eigengeschmack.

Distelöl

Distelöl, auch Safloröl genannt, ist in Bezug auf den Gehalt an mehrfach ungesättigten Fettsäuren mit fast 80 Prozent Spitzenreiter. Damit ist Distelöl nicht nur gut für Rohkost und Salat, sondern darüber

hinaus ein echtes Hausmittel – anzuwenden bei allen Beschwerden, die durch einen Mangel an lebensnotwendigen Fettsäuren entstanden sind. Außerdem liefert es große Mengen an schützendem Vitamin E.

Leinöl

Leinöl wird gleich nach der Ernte kaltgepresst und eignet sich daher ausgezeichnet für kaltgerührte Saucen, Dressings oder Dips. Leinöl hat nur eine geringe Haltbarkeit, deshalb sollten Sie angebrochene Flaschen schnell verbrauchen.

Sesamöl

Sesamöl ist seit Jahrtausenden traditionell im Orient beheimatet, wo die landestypische Küche gewöhnlich sehr fetthaltig ist. Sesamöl ist sehr vielseitig verwendbar, weil es etwa zur Hälfte aus einfach ungesättigten und zu rund 40 Prozent aus mehrfach ungesättigten Fettsäuren besteht. Es eignet sich gut für Kaltgerichte, aber auch zum Dünsten, Braten, Kochen und Backen.

Nussöle

Walnussöl

Walnussöl ist sehr reich an mehrfach ungesättigten Fettsäuren.
Das Öl ist von blassgelber Farbe
und hat noch ein feines Nussaroma.
Dieses edle und teure Pflanzenöl
ist für den selbst kochenden
Gourmet, der es für spezielle
Gerichte verwendet. Es sollte nicht
zum Braten oder starken Erhitzen
verwendet werden.

Erdnussöl

Der Vorteil von Erdnussöl liegt in
seinem günstigen Drei-zu-zwei-
Verhältnis von einfach ungesättigten
Fettsäuren zu mehrfach ungesättigten oder gesättigten Fettsäuren.
Dies bedeutet: Wer ein Öl zum
Braten haben will
(z. B. für Fisch, Fleisch,
Geflügel) ist mit Erdnus-
söl gut beraten, auch
wenn im Wok mit hohen
Temperaturen frittiert wird.
Erdnussöl ist auch für Salate oder
Rohkostteller zu empfehlen.
Somit ist es das ideale
Öl für Singles oder
Personen, die nur
sporadisch
kochen und
nicht mehr als
eine Ölflasche
geöffnet haben
möchten.

Mandelöl

Mandelöl ist eine Spezialität, ein
gelbliches, etwas süßliches Öl.
Wegen seines hohen Anteils an
ungesättigten Fettsäuren (rund
70 Prozent) wird es in dunklen
Flaschen verkauft. Es ist
besonders für die kalte Küche
zu empfehlen.

**Nüsse sind zwar kalorien-
reich, liefern aber eine
Menge wertvoller
Fettsäuren. Studenten-
futter zum Knabbern ist
oft besser als Chips.**

Ätherische Öle

Auf ganz einfache Weise dürfen wir unsere Phantasie spielen lassen, indem wir Olivenöl oder andere neutrale Pflanzenöle mit ätherischen Ölen geschmacklich verändern. Ätherische Öle bekommt man in kleinen Fläschchen im Naturkostladen oder Reformhaus. Sie sind recht teuer, weil sie unter großem Aufwand (häufig durch Wasserdampfdestillation) aus Rinden, Wurzeln, Blüten, Samen, Früchten oder anderen Pflanzenbestandteilen gewonnen werden. Ihren Namen haben sie daher, dass sie stark duften und flüchtig sind. Wenn man einige Tropfen auf ein Tuch gibt, verdunsten sie rasch und hinterlassen keinen Fleck. Ätherische Öle lassen sich in jedem Pflanzenöl wunderbar auflösen.

Wer verschiedene Kräutersorten mischen möchte, sollte darauf achten, dass ihr Aroma gut harmoniert. Geben Sie nicht zwei Kräuter mit intensivem Aroma (Salbei, Estragon, Thymian oder Rosmarin) in eine Flasche.

Ätherische Öle haben einen positiven Einfluss auf die Gesundheit: Sie regen den Appetit an und bringen die Verdauung in Schwung.

Folgende ätherischen Öle eignen sich besonders gut, um Küchenöle zu verfeinern:
• Zitronenöl (als Olivenöl »Zitrone«)
• Rosmarinöl
• Basilikumöl
• Fenchelöl
• Petersilienwurzelöl

Kräuteröle selbst gemacht
(für noch mehr originelle Küchenöle)

So wie man das flüssige Aromastoffgemisch ätherischer Öle zugeben kann, lassen sich neutrale Öle wie z. B. Olivenöl sehr gut durch Kräuter veredeln. Jede Geschmacksrichtung ist möglich.

Schwarzkümmel – das besondere Pflanzenöl

• In Indien, im Nahen und Fernen Osten gilt Schwarzkümmelöl eigentlich schon als kulinarisches Kulturgut. Es wird aus kleinen, schwarzen, pfefferartig scharfen Samen gewonnen, die zudem noch einen faszinierenden bitteren Nebengeschmack entwickeln.

• Das daraus kaltgepresste Öl ist hoch aromatisch, würzig-duftend und gold gelb in der Farbe.

• Schwarzkümmelöl ist reich an mehrfach ungesättigten Fettsäuren, deshalb zu schade, um es in der Pfanne – z. B. beim Braten – starker Hitze auszusetzen. Es ist ein beliebtes Gewürzöl und sparsam zu verbrauchen.

In seinen Heimatländern gelten Samen und Öl seit Jahrtausenden traditionell als Heilmittel gegen zahlreiche Beschwerden.

Die Verbindung zwischen Schwarzkümmelöl und feinstem, kaltgepresstem Olivenöl ist von großer Bedeutung bei allen Anwendungen gegen Verdauungsbeschwerden, aber auch für die Verbesserung der Immunabwehr.

Ätherische Öle sind im Reformhaus oder Naturkostladen meist in großer Auswahl erhältlich.

Die frischen Kräuter werden gewaschen, gut getrocknet und in die Ölflasche gelegt. Kräuter haben eine starke Affinität zu Pflanzenölen (und umgekehrt) und geben ihre Duft- und Aromastoffe deshalb schon in wenigen Tagen an das Öl ab. Verwenden lassen sich praktisch alle erhältlichen Küchen- und Würzkräuter, ebenso natürlich in allen nur denkbaren Mischungen. Einen besonders intensiven Geschmack erzielt man, wenn man dem Öl Knoblauchzehen oder Chili beigibt. Je nachdem, wie viele Kräuter man in das Basisöl einlegt, kann man das Produkt auch nur zum Würzen verwenden.

Ein selbst hergestelltes Kräuteröl ist immer auch ein sehr persönliches Geschenk.

Einige Beispiele für Kräuteröle:
• Oreganoöl
• Lavendelöl
• Pfefferminzöl
• Majoranöl
• Estragonöl
• Korianderöl
• Lorbeeröl
• Muskatöl
• Nelkenöl
• Thymianöl
• Knoblauchöl
• Chiliöl
• Salbeiöl
• Rosmarinöl

Saucen und Dressings

Wenn ein Rezept aus wenigen Zutaten besteht, ist es umso wichtiger, auf Qualität und Geschmack zu achten – so auch bei Essig und Öl.

Saucen

Weil Gebratenes oder auch Beilagen wie Reis oder Kartoffeln oft zu trocken sind, haben sich Köche diese mehr oder weniger sämigflüssigen Zubereitungen ausgedacht. Öl und Essig sind die beste Basis für Saucen, weil sie Aroma und Feingeschmack von Kräutern und Gewürzen intensivieren. Saucen sind kalt oder warm sehr beliebt – kalt zu Grillgerichten oder beim kalten Büffet, warm zum Beispiel als fein geschlagene Klassiker »Sauce béarnaise« und »Sauce hollandaise«.

Grundrezept für eine Kräutersauce

2 Eier
3 EL gehackte, frische Kräuter nach Wahl
2 EL Crème fraîche
1 TL Senf
3 EL Olivenöl
1 EL Weinessig
Salz
frisch gemahlener Pfeffer

Die Eier hart kochen, Eigelbe herauslösen und zerdrücken. Gehackte Kräuter mit Crème fraîche, Senf, Öl und Essig verrühren, Eigelb dazugeben und ebenfalls vermengen. Mit Salz und Pfeffer fein abschmecken.

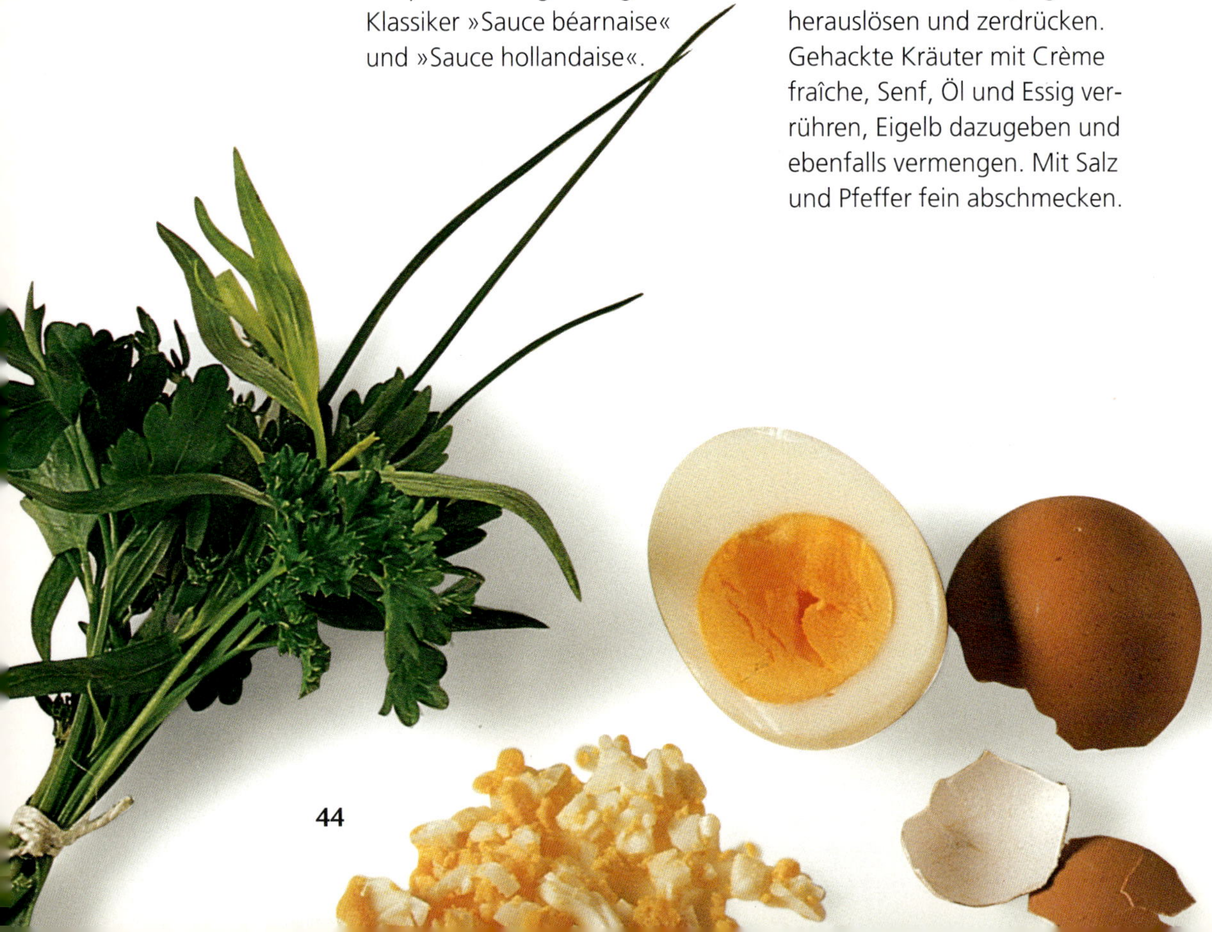

Dressings

Ursprünglich galten Dressings als mayonnaiseähnliche Beigaben. Inzwischen hat sich der Begriff fast ausschließlich für Saucen zu Salat- und Rohkostzubereitungen eingebürgert.

Hauptzutaten sind Öl, Essig, Zitronensaft, süße oder saure Sahne, Ketchup, Senf, Eier, Kräuter, Gewürze, Salz und Pfeffer, aus denen sich mehr oder weniger flüssige oder pastöse Dressings herstellen lassen.

Unbestrittener Klassiker bleibt freilich das »italienische« Dressing auf der Basis von Olivenöl und Weinessig. Die Maxime: viel Öl, wenig Essig und sparsam Salz.

Grundrezept für ein Essig-Öl-Dressing

1 kleine Zwiebel
5 EL Olivenöl
2 EL Kräuteressig
1 Prise Meersalz
1/2 TL Sojasauce
2 EL gehackte, frische Kräuter nach Wahl

Die Zwiebel abziehen und würfeln. Mit den übrigen Zutaten mischen, abschmecken und zum bzw. über den Salat geben.

Der Geschmack des Dressings wird stark von der Essig- und Ölsorte bestimmt. Probieren Sie einfach aus und verwenden Sie verschiedene Essige und Pflanzenöle.

Dips und Chutneys

Chutneys

Chutneys sind Würzpasten für Fleisch, Fisch oder Geflügel, die in asiatischen Ländern, aber auch in England traditionell sehr beliebt sind. Etwa nach dem Motto: je schärfer, desto besser. Chutneys brennen oft mehr auf der Zunge als stark gepfefferte Würzsaucen. Es gibt aber auch mild-würzige Chutneys – und man kann Chutneys mit Hilfe von Öl und Essig ganz nach seinem Geschmack selbst herstellen, aus exotischen Früchten, Gemüsen, Gewürzen und Kräutern. Chutneys sind meist süß und scharf und werden teelöffelweise der Mahlzeit beigegeben, z. B. auf dem Tellerrand.

Besonders gut lassen sich Kürbis, Zucchini, Tomaten, Paprika und Zwiebeln zu Chutneys verarbeiten.

Grundrezept für ein Chutney

1 Zwiebel
3 EL Obstessig
1 EL Öl
1 EL geriebener Ingwer
1 Pfefferschote
1/4 Tasse gehackte grüne Minze
Salz, frisch gemahlener Pfeffer

Die Zwiebel abziehen und zusammen mit allen anderen Zutaten im Mixer pürieren, so dass ein Mus entsteht. Je nach Vorliebe für eine bestimmte Geschmacksrichtung oder je nach Gericht, dem die Würzmasse beigegeben werden soll, kann man den Geschmack mit Tomate, Ananas, Apfel, Kokosnuss, Mango, Datteln oder auch mit Korianderblättern abrunden.

Dips

Mit dem Gartengrill kamen – aus dem Barbecue-freudigen Amerika – auch allmählich die Dips bei uns in Mode, breiige Würzsaucen, in die man z. B. Baguette-Stückchen, Kartoffelchips oder auch Würstchen einstippen kann.

Dips gibt es in zahlreichen Geschmacksnuancen im Supermarkt oder Feinkostgeschäft zu kaufen. Man kann sich seine ureigenen Dips aber auch mit Öl und Essig und ein wenig Phantasie selbst kreieren. Das gemeinsame Party-Dippen macht anschließend richtig Spaß.

Bei der Zubereitung von Dips sind der Phantasie keine Grenzen gesetzt. Meist auf Joghurt-, Quark- oder Sauerrahmbasis lassen sich Zwiebeln, Knoblauch, Blauschimmelkäse, Gewürze, Kräuter, Tomatenmark, Senf und vieles mehr »nach Gefühl« zu einzigartigen Mischungen verrühren.

Grundrezept für einen Dip

1 EL Kräuteressig

2 EL Olivenöl

1 Eigelb

2 EL Crème fraîche

1 Apfel

1 EL Curry

1 EL klein gewürfelter Ingwer

Salz, Zucker

Essig, Öl, Eigelb und Crème fraîche kräftig verrühren. Apfel in sehr kleine Würfelchen schneiden, mit dem Curry und dem Ingwer vermengen. Danach sämtliche Zutaten gut vermischen und mit Salz und Zucker abschmecken.

Köstliche Rezepte mit Essig und Öl

Raffinierte Salate, knackige Rohkost

Taboulé-Salat

Für 4 Portionen

250 g Bulgur	
1/2 l Gemüsebrühe	
6 Tomaten	
1 grüne Chilischote	
4 Frühlingszwiebeln	
4 Bund Petersilie	
1 Bund Pfefferminze	
3 unbehandelte Zitronen	
1 TL Salz	
2 Knoblauchzehen	
8 EL Olivenöl	
15 grüne Oliven	

🕐 **Zubereitungszeit 30 Minuten**

❶ Bulgur in der Gemüsebrühe aufkochen, zudecken und 15 Minuten ausquellen lassen. Die Tomaten mit einem Messer einritzen, mit kochendem Wasser überbrühen, häuten und in Würfel schneiden. Die Chilischote waschen, halbieren, entkernen und in feine Streifen schneiden.

❷ Die Frühlingszwiebeln waschen, den weißen Teil in Scheiben, das Grün in Röllchen schneiden. Petersilie und Pfefferminze waschen, die Blätter abzupfen und klein hacken.

❸ Den gegarten Bulgur in eine große Schüssel geben und mit einer Gabel etwas auflockern. Die Zitronen halbieren, von jeder Hälfte eine Scheibe abschneiden und den Rest in ein Schälchen auspressen. Den Zitronensaft mit dem Salz so lange verrühren, bis sich das Salz aufgelöst hat.

❹ Die Knoblauchzehen abziehen, durchpressen und zu dem Zitronensaft geben. Öl zufügen und zu einer cremigen Masse rühren. Die gewürfelten Tomaten, Chili und Zwiebeln mit den Oliven zum Bulgur geben, die Marinade darüber träufeln und gut vermischen.

❺ Den Taboulé-Salat in einer flachen Schüssel anrichten und mit den Zitronenscheiben verzieren.

▶ **Pro Portion**
1950/466 kJ/kcal • 11 g Eiweiß
25 g Fett • 47 g Kohlenhydrate
10 g Ballaststoffe • 0 mg Cholesterin

Wenn Ihnen Bulgur zu grobkörnig ist, können Sie den Taboulé-Salat auch mit der gleichen Menge feinem Couscous zubereiten.

TIP

Bulgur ist ein sehr beliebtes Getreideprodukt in arabischen Ländern. Bulgur ist bereits gegarter Hartweizengrieß, der anschließend wieder getrocknet und gemahlen wird. Er liefert viele wertvolle Vitamine und Mineralien und kann auch als Beilage zu Fleischgerichten (Pilaw) serviert werden.

Rote-Bete Salat

Für 4 Portionen

1 Packung gekochte Rote Bete (à 300 g)

1 Packung TK-Salatkräuter

1 EL Obstessig

1 EL Olivenöl

2 EL Crème fraîche

frisch gemahlener Pfeffer

Salz oder Gemüsebrühe, gekörnt

🕐 **Zubereitungszeit 70 Minuten**

❶ Die Packung Rote Bete öffnen, den Saft auffangen und die Roten Beten schälen. Die geschälten Knollen grob raffeln. Aus den Salatkräutern, Essig, Öl, Crème fraîche und Pfeffer zusammen mit dem aufgefangenen Saft eine Marinade herstellen.

❷ Die geraffelten Roten Beten mit der Marinade beträufeln,

alles miteinander verrühren und eine Stunde ziehen lassen. Vor dem Servieren durchrühren und eventuell mit Salz oder gekörnter Gemüsebrühe nachwürzen.

▶ **Pro Portion**

394/94 kJ/kcal • 2 g Eiweiß

6 g Fett • 7 g Kohlenhydrate

2 g Ballaststoffe • 11 mg Cholesterin

Pikante Salatrollen

Für 4 Portionen

2 kleine Stauden Chinakohl

1/4 l Salzwasser

1 TL Zucker

2 Tomaten

2 Knoblauchzehen

1 Bund Koriander

2 EL Weinessig

1 EL Sojasauce

4 EL Chili-Knoblauchöl

🕐 **Zubereitungszeit 15 Minuten**

❶ Chinakohl putzen, die Blätter ablösen, waschen und abtropfen lassen. Das Salzwasser mit dem Zucker in einer großen

TIP

Die Haut der Roten Bete kann ganz leicht abgezogen werden, indem man die Knolle in beiden Händen reibt.

Pfanne aufkochen lassen. Nach und nach die Blätter blanchieren und auf einem Sieb abtropfen lassen.

❷ In der Zwischenzeit die Tomaten mit kochendem Wasser überbrühen, häuten, halbieren, die Kerne entfernen und achteln. Knoblauch abziehen und über den Tomaten durchpressen. Koriander waschen, die Blätter abzupfen, einige zum Verzieren aufheben, den Rest klein hacken.

❸ Aus Essig, Sojasauce und Koriander eine Marinade rühren, kurz ziehen lassen, das Öl zufügen und verrühren. Jeweils 3 Chinakohlblätter aufeinander legen, auf das Strunkende ein Tomatenachtel legen und die Blätter aufrollen.

❹ Die Röllchen auf eine tiefe Platte legen und mit der Salatsauce übergießen. Mit den zurückbehaltenen Korianderblättchen verzieren.

▶ **Pro Portion**
506/121 kJ/kcal
2 g Eiweiß
10 g Fett
4 g Kohlenhydrate
2 g Ballaststoffe
0 mg Cholesterin

Sauerkrautsalat

Für 4 Portionen

750 g Sauerkraut

4 EL Olivenöl

1 EL Majoran

frisch gemahlener Pfeffer

🕐 **Zubereitungszeit 10 Minuten**

Das Sauerkraut mit einem Messer etwas zerkleinern. Das Olivenöl in einer Pfanne erhitzen, Majoran und Pfeffer zufügen und kurz anrösten. Das klein geschnittene Kraut zufügen und unter Rühren einige Minuten dünsten. Lauwarm servieren.

▶ **Pro Portion**
531/127 kJ/kcal • 3 g Eiweiß
11 g Fett • 4 g Kohlenhydrate
4 g Ballaststoffe • 0 mg Cholesterin

Durch seinen hohen Gehalt an Vitamin C unterstützt Sauerkraut die Vorbeugung und Therapie von u. a. Erkältungen, Gicht, Jodmangelerkrankungen, Verstopfung, Konzentrationsschwäche etc.

53

Paprikasalat mit Kürbiskernpesto

Für 6 Portionen

je 2 rote, gelbe und grüne Paprikaschoten

1/2 l Gemüsebrühe

50 g Kürbiskerne

1 Bund Basilikum, 2 Schalotten

2 Knoblauchzehen, 1/2 TL Salz

100 g Parmesankäse

frisch gemahlener Pfeffer

1/8 l Kürbiskernöl

 Zubereitungszeit 40 Minuten

❶ Paprikaschoten waschen, entkernen und in Streifen schneiden. In der Brühe kurz kochen, herausnehmen und auf 6 Tellern verteilen.

❷ Kürbiskerne klein hacken und in einer beschichteten Pfanne rösten. Basilikum waschen, Schalotten und Knoblauch grob zerkleinern. Den Parmesan in Würfel schneiden.

❸ Kürbiskerne, Zwiebeln, Knoblauch, Basilikum, Salz, Pfeffer, Käsestückchen und Öl im Mixer pürieren. (Falls nötig, etwas Brühe zufügen). Jeweils einen Klecks Pesto auf die Paprikastreifen setzen.

Farblich und geschmacklich überzeugend: kurz gegarte Paprika-schoten mit einem kernigen Pesto (Seite 55).

▶ **Pro Portion**

1466/349 kJ/kcal • 10 g Eiweiß

30 g Fett • 6 g Kohlenhydrate

4 g Ballaststoffe • 11 mg Cholesterin

Melonen-Kürbiskugeln im Salatnest

Für 4 Portionen

1/4 Hokaido- oder Gartenkürbis

1/2 Honigmelone

1 EL Obstessig

Salz, frisch gemahlener Pfeffer

1 EL Olivenöl »Zitrone«

3 EL Salatöl, 1 kleiner Kopfsalat

500 g Cherrytomaten, 1 Bund Dill

Zubereitungszeit 15 Minuten

❶ Kürbis und Melone schälen, entkernen und aus dem Fruchtfleisch kleine Kugeln ausstechen. Aus Essig, Salz, Pfeffer und den Ölen eine Salatsauce zubereiten, über die Kugeln geben.

❷ Die Kürbiskerne waschen und klein hacken. Kopfsalat putzen, waschen und trockenschleudern. Die Salatblätter kreisförmig auf 4 Teller legen. Die Tomaten waschen und abtrocknen. Dill waschen und klein hacken. Die marinierten Kugeln durchmischen und gleichmäßig auf die Salatnester verteilen. Die Tomaten dazwischen legen und mit den gehackten Kürbiskernen und Dill bestreuen.

▶ **Pro Portion**

850/202 kJ/kcal • 4 g Eiweiß

11 g Fett • 22 g Kohlenhydrate

3 g Ballaststoffe • 0 mg Cholesterin

Auberginensalat auf Rucola

Rucola (deutsch: Rauke), bekommt man mittlerweile in (fast) jedem Supermarkt. Er schmeckt scharf-nussig, ähnlich wie Kresse, und ist klein gehackt auf's Butterbrot ein Gedicht.

Für 4 Portionen

4 kleine Kartoffeln
100 ml Gemüsebrühe
je 1 rote und weiße Zwiebel
1/2 TL Salz
2 mittelgroße Auberginen
1/2 TL Salz
2 EL Rosmarinöl
1 Knoblauchzehe
1/8 l Rotweinessig
1 Fleischtomate
50 g Rucola
frisch gemahlener Pfeffer

🕐 **Zubereitungszeit 25 Minuten**

❶ Die Kartoffeln waschen, schälen und in 2 Zentimeter große Würfel schneiden. Die Gemüsebrühe zum Kochen bringen, die Kartoffelwürfel zufügen und bei geringer Hitze 10 Minuten garen bis die Kartoffeln weich sind.

❷ In der Zwischenzeit die Zwiebeln abziehen, in Ringe schneiden und mit Salz bestreuen. Die Auberginen waschen, die Stiele abschneiden, mit einem Sparschäler die Haut längs in 1 Zentimeter breiten Streifen abschälen. Dabei jeweils einen Streifen Haut stehen lassen, so dass die Auberginen am Ende gestreift aussehen. Die Auberginen würfeln und salzen. Das Öl erhitzen und die Würfel zugedeckt goldbraun braten.

❸ Die Knoblauchzehe abziehen, durch eine Presse drücken, auf die Auberginenwürfel geben und vermischen. Mit der Hälfte des Essigs beträufeln und zum Abkühlen zur Seite stellen.

❹ Die Tomate überbrühen, abziehen, halbieren, die Kerne entfernen und würfeln. Rucola waschen und trockentupfen. Die gegarten Kartoffeln mit den Auberginen- und Tomatenwürfeln vermischen und mit dem restlichen Essig und Pfeffer abschmecken.

Rucola auf 4 tiefen Tellern verteilen, den Salat darauf häufeln und mit den eingesalzenen Zwiebelringen verzieren.

► **Pro Portion**

565/135 kJ/kcal

4 g Eiweiß

6 g Fett

16 g Kohlenhydrate

5 g Ballaststoffe • 0 mg Cholesterin

Karamellisierter Fenchel mit Tomaten

Für 4 Portionen

2 Fenchelknollen
1 EL Butter
1 EL Zucker
1 unbehandelte Orange
3 EL Walnussöl
Salz
frisch gemahlener Pfeffer
4 Fleischtomaten

🕐 **Zubereitungszeit 20 Minuten**

❶ Die Fenchelknollen waschen und putzen. Das Grün aufbewahren. Die Knollen halbieren und in Streifen schneiden.

❷ Die Butter erwärmen, Zucker und Fenchelstreifen zufügen und leicht bräunen (karamellisieren) lassen. Zum Abkühlen zur Seite stellen.

❸ Die Orange waschen und trockenreiben, die Hälfte der Schale mit einem scharfen Messer dünn abschälen und in feine Streifen schneiden. Die restliche Orange auspressen.

❹ Walnussöl, Orangenschalen und -saft, Salz und Pfeffer zu einer Marinade verrühren. Etwas Fenchelgrün fein hacken. Die Tomaten mit kochendem Wasser überbrühen, häuten, halbieren und in Scheiben schneiden.

❺ Abwechselnd den abgekühlten Fenchel und die Tomaten auf einer Platte anrichten, die Sauce darüber gießen und mit etwas Fenchelgrün verzieren.

► **Pro Portion**

631/150 kJ/kcal • 3 g Eiweiß

10 g Fett • 11 g Kohlenhydrate

5 g Ballaststoffe • 6 mg Cholesterin

TIP

Die Orangenschale lässt sich auch mit einem Kartoffel- oder Sparschäler ganz dünn abschneiden.

Zucchinitütchen

Für 20 Stück

100 g Zuckererbsen
1 Zweig Pfefferminze
2 Knoblauchzehen
Salz, frisch gemahlener Pfeffer
1 EL Olivenöl »Zitrone«
1 großer Zucchino, 100 g Rucola
1 EL Aceto balsamico
100 g geröstete Pinienkerne

🕐 **Zubereitungszeit 20 Minuten**

❶ Erbsen kurz blanchieren und abgießen. Die Pfefferminze waschen und trockentupfen. Die Knoblauchzehen abziehen und vierteln. Erbsen mit Pfefferminze, Salz, Pfeffer, Öl und den Knoblauchzehen im Mixer pürieren.

❷ Zucchino waschen, längs halbieren und mit einem Sparschäler 20 lange Scheiben abschneiden. Die Scheiben zu Tüten drehen.

❸ Erbsenpüree in einen Spritzbeutel füllen und die Tütchen damit füllen. Gewaschene Rucolablätter mit Essig beträufeln, die Tütchen darauf setzen und mit Pinienkernen bestreut servieren.

▶ **Pro Portion**
190/46 kJ/kcal • 1 g Eiweiß
4 g Fett • 1 g Kohlenhydrate
1 g Ballaststoffe • 0 mg Cholesterin

Zucchinistifte in Tomaten-Chili-Salsa

Für 4 Portionen

750 g Zucchini
1 grüne Chilischote
1 unbehandelte Zitrone
3 EL Olivenöl
3 Lorbeerblätter
2 EL kräftige Gemüsebrühe
1 Knoblauchzehe
1 Packung stückige Tomaten
1 EL Obstessig

🕐 **Zubereitungszeit 20 Minuten**

❶ Die Zucchini putzen, waschen und in 1 Zentimeter dicke und 5 Zentimeter lange Stifte schneiden. Die Chilischote waschen, halbieren und in Streifen schneiden. Die Zitrone längs halbieren und in Scheiben schneiden.

❷ Zucchinistifte in Öl anbraten. Chilistreifen, Zitronenscheiben und Lorbeerblätter zufügen, mit der Gemüsebrühe beträufeln und 5 Minuten garen. Die Knoblauchzehe abziehen, hacken und mit Tomaten und Essig verrühren. Mit Bauernbrot warm oder kalt servieren.

▶ **Pro Portion**
543/130 kJ/kcal • 4 g Eiweiß
8 g Fett • 9 g Kohlenhydrate
2 g Ballaststoffe • 0 mg Cholesterin

TIP

Diese Zucchinitütchen sind eine preiswerte, attraktive Vorspeise oder eine gelungene Überraschung fürs kalte Büfett, die man schon einige Stunden vorher zubereiten kann. Tiefgefrorene Erbsen oder Kräuterfrischkäse als Füllung verwenden, wenn es mal schnell gehen muss!

Gebratene Zucchinistifte bekommen mit der feurigen Tomatensauce erst den richtigen Pep (Seite 59).

Marinierte Champignons

Für 4 Portionen

1 große Dose Champignons, kleine Köpfe (470 g)
2 Knoblauchzehen
1 EL Olivenöl »Zitrone«
1 EL Kräuteröl
2 EL Rotweinessig
frisch gemahlener Pfeffer

Auf die gleiche Weise können auch Artischocken eingelegt werden. Sie eignen sich wie die marinierten Champignons zu einer leichten Vorspeise wie zum kalten Buffet.

🕐 **Zubereitungszeit 20 Minuten**

❶ Die Champignons abgießen und in eine Schüssel geben. Die Knoblauchzehen abziehen und über die Champignons pressen.

❷ Aus den Ölen, Rotweinessig und Pfeffer eine Marinade herstellen und über die Champignons gießen. Sorgfältig verrühren und kurze Zeit ziehen lassen. Dazu knusprig aufgebackenes Baguette mit Kräuter- oder Knoblauchbutter reichen.

▶ **Pro Portion**

282/68 kJ/kcal
3 g Eiweiß
6 g Fett
1 g Kohlenhydrate
8 g Ballaststoffe
0 mg Cholesterin

Rohkoststangen mit Kräuterdip

Für 4 Portionen

4 Möhren
2 Stangen Staudensellerie
1/2 Gurke
1 Rote Bete
1 Kästchen Kresse
1 Bund Dill
1 Bund Koriander
2 EL Kräuter-Knoblauchöl
2 EL Crème fraîche
frisch gemahlener Pfeffer

🕐 **Zubereitungszeit 15 Minuten**

❶ Möhren waschen, schälen oder abschaben. Stangensellerie und Gurke waschen. Rote Bete waschen und schälen. Alle Gemüse in Streifen schneiden und in bunter Reihenfolge in ein großes Stielglas oder eine Schale füllen.

Teller Salz und 4 Esslöffel Wasser verrühren. Die Zwiebelringe hineingeben, gut mit dem Salzwasser vermischen und 10 Minuten ziehen lassen.

❷ Den Tofu in dünne Scheiben schneiden und pfeffern. Fächerartig auf einer Servierplatte anrichten, das Öl und den Essig darüber gießen. Die marinierten Zwiebelringe darauf legen und die Flüssigkeit darüber träufeln.
Mit knusprigem Baguette oder Toastbrot servieren.

T I P

Ohne Zwiebeln zubereitet, kann der Tofusalat auch einige Tage im Kühlschrank aufbewahrt werden.

❷ Für den Dip Kresse, Dill und Koriander waschen und klein hacken. Aus Kräuter-Knoblauchöl, Crème fraîche und Pfeffer eine Crème rühren, in ein Schälchen füllen und mit den Gemüsestückchen servieren.

▶ **Pro Portion**
581/138 kJ/kcal • 3 g Eiweiß
9 g Fett • 10 g Kohlenhydrate
5 g Ballaststoffe • 11 mg Cholesterin

▶ **Pro Portion**
1050/250 kJ/kcal • 11 g Eiweiß
19 g Fett • 8 g Kohlenhydrate
2 g Ballaststoffe • 0 mg Cholesterin

Räuchertofu in Essig und Öl

Für 4 Portionen

1 Gemüsezwiebel
1 TL Salz
600 g geräucherter Tofu
1/2 TL Pfeffer
5 EL Salatöl
5 EL Weißweinessig

🕐 **Zubereitungszeit 20 Minuten**

❶ Die Zwiebel abziehen und in Ringe schneiden. In einem tiefen

Kräuter-Pilz-Carpaccio

Löwenzahnblätter sollten so frisch wie möglich verzehrt werden. Frische Ware erkennt man an der Schnittstelle: Weißlich-milchig austretender Saft zeigt absolute Frische an. Je dunkler und trockener die Schnittstelle, desto älter ist die Ware.

Für 4 Portionen

100 g Rosé-Champignons
1 EL Zitronensaft
100 g Sauerampfer
100 g Löwenzahnblätter
100 g Rucola, 100 g Feldsalat
2 kleine Chicoréestangen
2 EL Aceto balsamico
4 EL Olivenöl, 1 EL Flüssigwürze
1 TL eingelegte grüne Pfefferkörner
1 Bund Basilikum
200 g gemischter Hartkäse

🕐 **Zubereitungszeit 20 Minuten**

❶ Die Pilze putzen, blättrig schneiden und mit Zitronensaft beträufeln. Sauerampfer, Löwenzahnblätter, Rucola und Feldsalat verlesen, waschen und trocknen. Den Strunk des Chicorée ausschneiden. Die einzelnen Blätter waschen, trockentupfen und kranzförmig auf einer Platte anrichten.

❷ Die Sauerampfer-, Löwenzahn- und Rucolablätter, Feldsalat und die Champignons dazulegen.

❸ Aus Aceto balsamico, Olivenöl, Flüssigwürze und den Pfefferkörnern eine Marinade rühren und über das Carpaccio gießen. Basilikumblätter und Käse in kleine Stückchen schneiden und über dem Carpaccio verteilen.

Carpaccio, mit Baguette serviert: Genuss auf die leichte Art (Seite 63).

▶ **Pro Portion**
1410/338 kJ/kcal • 19 g Eiweiß
26 g Fett • 10 g Kohlenhydrate
3 g Ballaststoffe • 46 mg Cholesterin

Avocado-Pilz-Carpaccio

Für 4 Portionen

2 EL Weinessig
2 EL Maiskeimöl
2 EL süße Sahne
1/2 TL Salz
1/2 TL Zwiebelpulver
1/2 TL weißer Pfeffer
2 feste, reife Avocados
1 EL Zitronensaft
200 g Egerlinge oder Champignons

🕐 **Zubereitungszeit 15 Minuten**

❶ Essig, Öl, Sahne, Salz, Zwiebelpulver und Pfeffer zu einer Sauce verrühren. Avocados schälen, halbieren und den Kern entfernen. Avocados in dicke Scheiben schneiden.

❷ Avocadoscheiben in einer Schüssel mit Zitronensaft beträufeln. Die Pilze putzen und blättrig schneiden, zu den Avocados geben und mit dem Dressing beträufeln.

▶ **Pro Portion**
1414/338 kJ/kcal • 4 g Eiweiß
34 g Fett • 2 g Kohlenhydrate
5 g Ballaststoffe • 8 mg Cholesterin

Beliebte Salatsaucen

Kräutervinaigrette

Für 4 Portionen

1/2 Bund Schnittlauch
1/2 Bund Petersilie
1 Zwiebel, 1 Knoblauchzehe
3 EL Himbeeressig
1/2 TL Salz, 2 Prisen weißer Pfeffer
1 EL Mandelöl, 2 EL Olivenöl

❶ Die Kräuter waschen und trockentupfen. Den Schnittlauch in sehr feine Röllchen schneiden, die Petersilienblätter abzupfen und sehr fein hacken. Sie können die Kräuter auch durch eine Kräutermühle drehen. Zwiebel und Knoblauchzehe abziehen und sehr fein hacken oder ebenfalls durch die Kräutermühle drehen.

❷ Himbeeressig und Salz in einem Schälchen verrühren, bis sich das Salz aufgelöst hat. Pfeffer, Kräuter, Zwiebeln, Knoblauch, Mandel- und Olivenöl zufügen und cremig rühren.

▶ **Pro Portion**
124/30 kJ/kcal • 0 g Eiweiß
3 g Fett • 0 g Kohlenhydrate
0 g Ballaststoffe • 0 mg Cholesterin

Tomatenvinaigrette

Für 4 Portionen

2 Fleischtomaten
1 Bund Basilikum
3 EL Rotweinessig, 1/2 TL Salz
2 Knoblauchzehen
4 EL Olivenöl
frisch gemahlener Pfeffer

❶ Tomaten mit einem Messer einritzen, mit kochendem Wasser überbrühen, häuten, halbieren und das Fruchtfleisch klein würfeln. Die Basilikumblätter von den Stängeln zupfen und in Streifen schneiden.

❷ Essig so lange mit dem Salz verrühren, bis es sich aufgelöst hat. Knoblauch abziehen, durch eine Presse drücken und zum Essig geben. Öl und Pfeffer zufügen. Mit dem Schneebesen so lange schlagen, bis die Sauce cremig ist. Basilikumstreifen und Tomatenwürfel zufügen und unterrühren.

▶ **Pro Portion**
437/104 kJ/kcal • 0 g Eiweiß
10 g Fett • 2 g Kohlenhydrate
0 g Ballaststoffe • 0 mg Cholesterin

Maritime Vinaigrette

Für 4 Portionen

1 Knoblauchzehe
2 EL Algenflocken
2 EL Aceto balsamico
1/2 TL Salz
6 EL Olivenöl
frisch gemahlener Pfeffer

Die Knoblauchzehe abziehen und durch die Presse drücken. Algenflocken, Essig und Salz zufügen und verrühren, bis sich das Salz aufgelöst hat. Öl und Pfeffer zufügen und cremig schlagen.

▶ Pro Portion

2360/564 kJ/kcal • 1 g Eiweiß
60 g Fett • 1 g Kohlenhydrate
0 g Ballaststoffe • 0 mg Cholesterin

Joghurt Aglio e Olio

Für 4 Portionen

1 Knoblauchzehe
2 EL Weißweinessig
1 TL Dijon-Senf
1/2 TL Salz
1 Prise Cayennepfeffer
200 g Joghurt
4 EL Olivenöl

Die Knoblauchzehe abziehen und durchpressen. Essig, Senf, Salz, Cayennepfeffer, Joghurt und Öl zufügen und cremig schlagen.

▶ Pro Portion

590/141 kJ/kcal • 0 g Eiweiß
15 g Fett • 0 g Kohlenhydrate
0 g Ballaststoffe • 0 mg Cholesterin

Indonesische Salatsauce

Für 4 Portionen

1 rote Chilischote
1 kandierte Ingwerkugel
3 EL Reisessig
1/2 TL Salz
4 EL Sojaöl, 1 EL Sesamöl

❶ Chilischote waschen und sehr klein schneiden. Für eine scharfe Sauce die Kerne mitverwenden. Soll die Sauce milder werden, Kerne entfernen. Ingwer in feine Stifte schneiden.

❷ Essig und 1 Esslöffel warmes Wasser in ein Schälchen geben und das Salz darin auflösen. Chili, Ingwer, Soja- und Sesamöl zufügen und gründlich vermengen.

▶ Pro Portion

500/119 kJ/kcal • 0 g Eiweiß
13 g Fett • 0 g Kohlenhydrate
0 mg Cholesterin
0 g Ballaststoffe

TIP

Mit einigen Safranfäden bekommt dieses indonesische Dressing eine wunderschöne Farbe und eine interessante Geschmacksnote. Ersatzweise kann 1 Teelöffel Currypulver zugefügt werden.

Orangen-Minze-Dressing

Für 4 Portionen

2 Orangen
1 rote Zwiebel
2 Stängel Minze
3 EL Rotweinessig
1 TL Akazienhonig
1/2 TL Salz
2 Prisen weißer Pfeffer
2 EL Walnussöl, 1 EL Olivenöl

❶ Die Orangen filetieren, d. h. die äußere Schale und die weiße Haut bis zum Fruchtfleisch abschälen, die Spalten herausschneiden und klein würfeln. Zwiebel abziehen und sehr fein hacken. Die Minze waschen, die Blätter abzupfen und in dünne Streifen schneiden.

❷ Die Orangenstücke, Zwiebel und Minze in ein Schälchen geben. Essig, Honig, Salz und Pfeffer zufügen und verrühren, bis sich das Salz aufgelöst hat. Walnuss- und Olivenöl zufügen und cremig rühren.

▶ **Pro Portion**
414/99 kJ/kcal • 0 g Eiweiß
7 g Fett • 6 g Kohlenhydrate
1 g Ballaststoffe • 0 mg Cholesterin

TIP

Die Sojanaise ist eine prima Basis für andere Saucen, z. B. für eine Kräutermayonnaise. Dazu die Sojanaise mit 2 Teelöffeln gehackter Kräuter Ihrer Wahl vermischen. Für eine Kräuterremoulade geben Sie zwei klein gehackte Essiggurken und 2 Esslöffel Kapern dazu.

Sojanaise

Für 4 Portionen

1/8 l Sojamilch
1/8 l Distel- oder Salatöl
2 TL Zitronensaft
1 TL mittelscharfer Senf
1 Messerspitze weißer Pfeffer
1 TL gekörnte Gemüsebrühe

❶ Sojamilch und Öl vor der Zubereitung einige Stunden kalt stellen.

❷ Die Sojamilch in ein hohes Gefäß geben, das Öl zufügen.

❸ Zitronensaft, Senf, Pfeffer und Gemüsebrühe zugeben und mit einem Stabmixer so lange verquirlen, bis eine feste Masse entsteht.

▶ **Pro Portion**

1280/305 kJ/kcal • 1 g Eiweiß
32 g Fett • 1 g Kohlenhydrate
0 g Ballaststoffe • 0 mg Cholesterin

Salatdressing mit Morcheln

Für 4 Portionen

100 g frische Morcheln oder 30 g getrocknete Morcheln
1 Schalotte
1/8 l Gemüsebrühe
2 EL süße Sahne
2 Prisen weißer Pfeffer
2 EL Sherryessig
2 EL Trüffelöl
2 EL Olivenöl

❶ Die frischen Morcheln gründlich waschen und klein schneiden. Getrocknete Morcheln mehrmals abbrausen und 1 Stunde in warmem Wasser einweichen.

❷ Die Schalotte abziehen und vierteln. Die Gemüsebrühe mit der Schalotte zum Kochen bringen und die Morcheln darin 10 Minuten bei schwacher Hitze garen. Abseihen, die Zwiebeln ausdrücken und beiseite legen, die Morcheln abkühlen lassen.

❸ Den Fond wieder zum Kochen bringen und etwas einreduzieren lassen. Die Sahne zufügen und weiterkochen, bis eine leicht cremige Masse entstanden ist. Abkühlen lassen.

❹ Pfeffer, Sherryessig und die Öle zufügen und cremig schlagen. Die abgetropften und abgekühlten Morcheln zufügen.

▶ **Pro Portion**

522/125 kJ/kcal • 0 g Eiweiß
13 g Fett • 1 g Kohlenhydrate
2 g Ballaststoffe
8 mg Cholesterin

Getrocknete Morcheln können verunreinigt sein, deshalb ist es besonders wichtig, dass sie gründlich gewaschen werden. Wenn Sie das Einweichwasser mitverwenden möchten, sollten Sie es vorher durch einen Kaffeefilter gießen.

67

Heiße Suppen, kalte Sülzen

Power-Suppensnack

Für 4 Portionen

1 Bund Suppengemüse
1/2 TL Salz
1 Lorbeerblatt
1 Wakame-Alge, etwa 20 cm
3 Shiitakepilze
1 große Gemüsezwiebel
20 g Glasnudeln
1 Bund gemischte Kräuter
150 g Räuchertofu
1 TL Hanföl
1 TL Walnussöl
1 TL geröstetes Sesamöl

🕐 Zubereitungszeit 25 Minuten

❶ Das Suppengemüse putzen, waschen und klein schneiden. Das Gemüse mit 1,5 Litern Wasser, Salz, Lorbeerblatt und der Wakame-Alge zum Kochen bringen. Die Shiitakepilze waschen, putzen, in Streifen schneiden und zufügen.

❷ Die Gemüsezwiebel abziehen, in Ringe schneiden und zur Suppe geben. Das Ganze 15 Minuten bei geringer Hitze ziehen lassen und während der letzten Minuten die Glasnudeln zufügen.

❸ Die Kräuter waschen, trockenschütteln, fein hacken und zur Seite stellen. Die Alge aus dem Sud nehmen, in Streifen schneiden und wieder zurück in die Suppe geben.

Den Räuchertofu klein schneiden und zufügen. Hanf-, Walnuss- und Sesamöl darüber gießen, verrühren und mit den gehackten Kräutern bestreut servieren.

▶ Pro Portion

534/127 kJ/kcal • 6 g Eiweiß
5 g Fett • 14 g Kohlenhydrate
7 g Ballaststoffe • 0 mg Cholesterin

Gemüsebouillon Regina

Für 4 Portionen

1 TL gekörnte Gemüsebrühe
1 EL Hefeextrakt (z. B. Vitam R)
1/2 TL Flüssigwürze
2 EL Kürbiskernöl
1 EL Schnittlauchröllchen oder gehackte Petersilie

🕐 Zubereitungszeit 10 Minuten

❶ 1 Liter Wasser erhitzen und die gekörnte Gemüsebrühe einrühren. Die Suppe nicht aufkochen.

❷ Den Hefeextrakt, die Flüssigwürze und das Kürbiskernöl einrühren und mit Schnittlauch oder Petersilie bestreut servieren.

▶ Pro Portion

220/52 kJ/kkcal • 0 g Eiweiß
5 g Fett • 0 g Kohlenhydrate
0 g Ballaststoffe • 0 mg Cholesterin

Shiitakepilze sind auf dem europäischen Markt noch eine Neuheit – anders dagegen in den Ländern des Fernen Ostens. In Japan, dem Ursprungsland des sehr aromatischen Pilzes, gilt er schon seit vielen Jahrhunderten als wahres Lebenselixier. Regelmäßiger Verzehr soll sich günstig auf Blutdruck, Cholesterinspiegel und Kreislauf auswirken.

TIP

Das ausgekochte Gemüse können Sie mit etwas Brühe pürieren und statt Mehl oder Stärke zum Andicken von Suppen und Saucen verwenden.

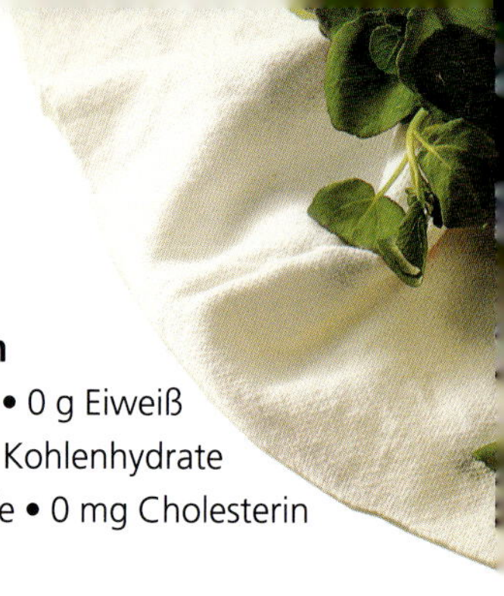

Klare Gemüsebrühe Grundrezept

Für 4 Portionen

- 1 Bund Suppengemüse (z. B. Möhren, Lauch, Petersilie, Sellerie)
- 1 Zwiebel
- 1 TL Salz
- 1 EL Kräuter-Knoblauchöl
- 2 EL gehackte Kräuter

Zubereitungszeit 20 Minuten

1. Suppengemüse putzen, waschen und klein schneiden. Die Zwiebel abziehen und achteln. Das Gemüse mit der Zwiebel in 1 Liter kaltem Salzwasser aufsetzen und in etwa 10 Minuten weich kochen.

2. Das Gemüse herausnehmen und abtropfen lassen. Öl zum Sud geben und gründlich umrühren. Mit gehackten Kräutern bestreuen und die Suppe servieren.

► Pro Portion

388/56 kJ/kcal • 0 g Eiweiß
10 g Fett • 0 g Kohlenhydrate
0 g Ballaststoffe • 0 mg Cholesterin

Wildkräutersuppe mit Tofuklößchen

Für 4 Portionen

- 1 l klare Gemüsebrühe (siehe Rezept links)
- 150 g Tofu
- 1 EL Flüssigwürze
- 2 Messerspitzen Muskat
- 1 EL Kräuter-Knoblauchöl
- 2 EL Semmelbrösel
- 1 Bund Sauerampfer
- 1 Bund Wasserkresse
- 50 g Brennnessel

Zubereitungszeit 30 Minuten

1. Gemüsebrühe nach Rezept zubereiten, jedoch die frischen Kräuter weglassen (ersatzweise können Sie Wasser mit gekörnter Gemüsebrühe verwenden und zum Kochen bringen).

2. Tofu mit Flüssigwürze, Muskat und Kräuter-Knoblauchöl pürieren und mit den Semmelbröseln zu einer cremigen Konsistenz vermischen.

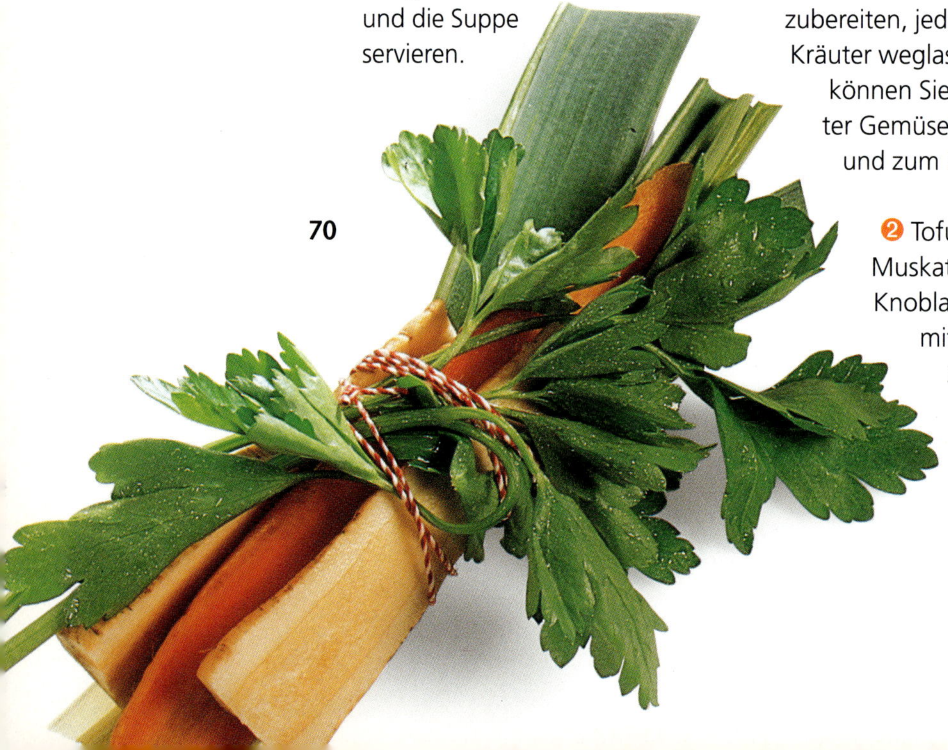

❸ Einen Teelöffel in die kochende Gemüsebrühe eintauchen, damit Häufchen von der Tofumasse abstechen und mit der hohlen Hand ein ovales Klößchen formen. In der sanft siedenden Gemüsebrühe 5–8 Minuten gar ziehen lassen.

❹ Sauerampfer, Wasserkresse und Brennnessel waschen, trockentupfen und fein hacken. Zum Schluss über die Wildkräutersuppe streuen.

▶ **Pro Portion**
394/94 kJ/kcal • 4 g Eiweiß
7 g Fett • 4 g Kohlenhydrate
1 g Ballaststoffe • 0 mg Cholesterin

Linsensuppe

Für 4 Portionen

250 g rote Linsen
1 EL Chiliöl (ersatzweise Kräuteröl)
1 Bund Suppengrün (z. B. Möhren, Lauch, Sellerie, Petersilie)
1 kleine Zwiebel
1 Zweig Liebstöckel
1 Zweig Zitronenmelisse
1 EL Mehl
Salz
1 TL Obstessig
2 EL Räucheröl

🕐 **Zubereitungszeit 30 Minuten**

❶ Linsen verlesen, waschen und mit 1 1/4 Liter Wasser und Chiliöl zum Kochen bringen. Das Suppengemüse putzen, waschen und klein schneiden. Zwiebel abziehen und würfeln. Gemüse und Zwiebeln zu den Linsen geben.

❷ Liebstöckel und Zitronenmelisse zufügen und 20 Minuten kochen lassen. Die Kräuter aus der Suppe nehmen.

❸ Das Mehl in etwas kaltem Wasser anrühren, zufügen und kurz aufkochen lassen. Mit Salz und Essig abschmecken. Räucheröl darüber träufeln, umrühren und servieren.

▶ **Pro Portion**
1318/314 kJ/kcal • 17 g Eiweiß
9 g Fett • 40 g Kohlenhydrate
11 g Ballaststoffe
0 mg Cholesterin

Mit gespaltenen roten Linsen ist die Suppe in nur 15 Minuten fertig und muss nicht mehr gebunden werden

Pürierte Maronensuppe

Für 4 Portionen

600 g Maronen (Esskastanien)

1 Stange Bleichsellerie

1 Petersilienwurzel

1 Bund Petersilie, 1 l Gemüsebrühe

frisch gemahlener Pfeffer

1 EL Obstessig, 1 EL Kürbiskernöl

🕐 **Zubereitungszeit 50 Minuten**

❶ Die Kastanien einritzen, in kochendes Wasser geben und 10 Minuten garen.

❷ Den Bleichsellerie waschen und in Scheiben schneiden. Die Petersilienwurzel schälen und sehr klein würfeln. Die Petersilie klein hacken.

❸ Die Kastanien abgießen und schälen. Die Gemüsebrühe zum Kochen bringen, die Maronen zufügen und 30 Minuten bei schwacher Hitze kochen lassen. Nach 15 Minuten das Gemüse zufügen.

❹ Die Suppe mit dem Stabmixer pürieren und mit Pfeffer und Essig abschmecken. Das Kürbiskernöl zugeben und mit der Petersilie bestreut servieren.

▶ **Pro Portion**

1402/336 kJ/kcal • 5 g Eiweiß

7 g Fett • 63 g Kohlenhydrate

1 g Ballaststoffe • 0 mg Cholesterin

Kokoscremesuppe

Für 4 Portionen

200 g Kokosflocken

1 kleine Möhre

1 Frühlingszwiebel

2 TL gekörnte Gemüsebrühe

1/2 Bund Koriander

(ersatzweise Petersilie oder Minze)

2 EL Avocadoöl

🕐 **Zubereitungszeit 15 Minuten**

❶ Kokosflocken in einem Topf mit 1 Liter kochendem Wasser überbrühen und 10 Minuten quellen lassen. Die Möhre waschen, schälen und grob raspeln. Die Frühlingszwiebel waschen und in Ringe schneiden.

❷ Kokosflocken mit dem Einweichwasser aufkochen und mit einem Mixstab zerkleinern. Möhrenraspel, Frühlingszwiebeln und die gekörnte Gemüsebrühe zufügen und 2 Minuten kochen lassen.

❸ Koriander waschen und die Blätter fein schneiden. Das Avocadoöl in die gegarte Suppe einrühren. Den Koriander darüber streuen und servieren.

▶ **Pro Portion**

1645/393 kJ/kcal • 4 g Eiweiß

37 g Fett • 7 g Kohlenhydrate

1 g Ballaststoffe • 0 mg Cholesterin

Ehe die Kartoffeln aus Südamerika nach Europa kamen, waren Maronen rund ums Mittelmeer ein unentbehrliches Grundnahrungsmittel und kamen täglich auf den Tisch. Auch heute noch kann die Esskastanie vielseitig in der Küche verwendet werden – als Füllung für Ente, Gans oder Brathuhn, zu Rotkohl, Rosenkohl und Spinat oder glasiert als Beilage zu Wild. Passiert mit Schlagsahne, Vanille, Zucker und Eigelb ist sie Grundlage einer köstlichen Süßspeise.

Herrlich cremig ist diese herbstliche Suppe aus feinen Esskastanien (Seite 73).

Mixed Pickles-Aspik

Agar-Agar ist ein rein pflanzliches Gelierungs-mittel aus einer bestimmten Algensorte und hat etwa die dreifache Gelierkraft von Gelatine, ist im Verbrauch also sehr sparsam.

Für 8 Portionen

1 kleines Glas Mixed Pickles
2 leicht gehäufte TL Agar-Agar
1 EL Sherryessig
2 EL Olivenöl »Zitrone«
gekörnte Gemüsebrühe
4 Zweige Dill
Salatblätter
Tofu-Mayonnaise

🕐 **Zubereitungszeit 70 Minuten**

❶ Die Mixed Pickles abgießen, den Sud auffangen. Agar-Agar mit 6 Esslöffeln kaltem Wasser anrühren und quellen lassen. Den Sud in einen Messbecher füllen und mit Wasser auf knapp 1 Liter Flüssigkeit auffüllen. Etwa 1/2 Liter dieser Flüssigkeit zum Kochen bringen, das gequollene Agar-Agar einrühren und 2 Minuten leicht kochen lassen.

❷ Die restliche Flüssigkeit, Essig und Öl dazugießen, verrühren und mit der Gemüsebrühe ab-schmecken. Das eingelegte Gemüse, wenn nötig, klein schneiden und auf kleine Schälchen oder Tassen verteilen.

❸ Dill waschen, trockentupfen und die dicken Stängel entfernen. Etwas Dillgrün abnehmen und klein zupfen. Zur Seite stellen. Die restlichen Dillzweige auf das Gemüse geben.

❹ Mit einer Schöpfkelle vorsichtig die Flüssigkeit darüber gießen und die Schälchen kalt stellen.

❺ Vor dem Servieren aus den Schälchen stürzen, auf ein Salat-blatt setzen, mit Mayonnaise-tupfern und dem Dill verzieren.

▶ **Pro Portion**
207/50 kJ/kcal • 1 g Eiweiß
5 g Fett •1 g Kohlenhydrate
0 g Ballaststoffe
0 mg Cholesterin

Gemüseaspik mit Tofu

Für 2 Kastenformen

2 kleine Möhren

1 l kräftig gewürzte Gemüsebrühe

150 g Räuchertofu

1/2 rote Paprikaschote

2 gehäufte TL Agar-Agar

1 kleine Dose Mini-
Champignonköpfe

150 g TK-Erbsen

1 EL Himbeeressig

1 EL Hanföl

Mayonnaise

gehackte Petersilie

🕐 **Zubereitungszeit 80 Minuten**

❶ Möhren schälen und in kleine Würfel schneiden. Die Gemüsebrühe zum Kochen bringen und die Möhrenwürfel 3 Minuten garen. Den Räuchertofu in Würfel schneiden. Die Paprikaschote waschen, entkernen und klein würfeln.

❷ Agar-Agar mit 2 Esslöffeln kaltem Wasser anrühren und quellen lassen. Die Möhren mit einem Schaumlöffel aus der Brühe nehmen, beiseite stellen und die Flüssigkeit wieder zum Kochen bringen. Das gequollene Agar-Agar in die kochende Flüssigkeit einrühren, 2 Minuten kochen lassen und vom Herd nehmen.

❸ Die Champignons abgießen und mit Möhren, Erbsen und Paprika vermischen. Himbeeressig und Hanföl in die etwas abgekühlte Gemüsebrühe geben und gut verrühren.

❹ Die Flüssigkeit bodendeckend in die Formen füllen und 1 Minute im kalten Wasserbad halbfest erstarren lassen. Die geschnittenen Gemüse und Pilze auf der erstarrten Flüssigkeit verteilen und die restliche Flüssigkeit darüber gießen. Die Formen zum Gelieren kalt stellen.

❺ Vor dem Stürzen die Form kurz in heißes Wasser tauchen. Mit einem elektrischen oder mit einem sehr scharfen Küchenmesser in 1 Zentimeter dicke Scheiben schneiden und mit Mayonnaisetupfern und Petersilie verzieren.

▶ **Pro Form**

973/233 kJ/kcal • 15 g Eiweiß

11 g Fett • 18 g Kohlenhydrate

13 g Ballaststoffe • 0 mg Cholesterin

TIP

Wenn Sie kein Agar-Agar zur Hand haben, bereiten Sie das Aspik mit 12 Blatt weißer Gelatine zu.

Spargelsülze

Für 10 Portionen

Frischer Spargel ist nur zu einer ganz bestimmten Zeit auf dem Markt erhältlich. Traditionsgemäß endet die Ernteperiode am 24. Juni (Johanni).

2 kleine Möhren

12 grüne Spargelstangen

1 l kräftig gewürzte Gemüsebrühe

2 gehäufte TL Agar-Agar

150 g Mais aus der Dose

1 EL Himbeeressig

1 EL Basilikumöl

Mayonnaise

gehackte Petersilie

🕐 **Zubereitungszeit 80 Minuten**

❶ Die Möhren waschen und schälen. Die Spargelstangen waschen und die Enden frisch anschneiden. Die Gemüsebrühe zum Kochen bringen und darin die Möhren und den Spargel 8 Minuten garen.

❷ Agar-Agar in einem kleinen Schälchen mit 2 Esslöffeln kaltem Wasser anrühren und quellen lassen. Möhren und Spargel mit einer Schaumkelle aus der Brühe nehmen und die Flüssigkeit wieder zum Kochen bringen. Das gequollene Agar-Agar in die kochende Flüssigkeit einrühren, 2 Minuten kochen lassen, dann von der Kochstelle nehmen.

Diese farbenfrohe Spargelsülze ist ein schmackhaftes und kalorienarmes Gericht. Sie eignet sich gut als Vorspeise (Seite 77).

❸ Den Mais aus der Dose in ein Sieb abgießen, gut abtropfen lassen und zur Seite stellen. Die Möhren in sehr feine Stifte schneiden. Die etwas abgekühlte Gemüsebrühe mit Himbeeressig und Basilikumöl abschmecken und umrühren.

❹ Etwas Flüssigkeit in eine Kastenform füllen, so dass der Boden bedeckt ist. Im kalten Wasserbad etwas erstarren lassen. 6 Spargelstangen darauf legen, mit Flüssigkeit bedecken und fest werden lassen. Die Hälfte der Möhren und Maiskörner auf der halbfesten Agar-Agar-Schicht verteilen und so viel Gemüsebrühe darüber gießen, bis das Gemüse bedeckt ist.

❺ Mit der zweiten Hälfte Spargel und Gemüse ebenso verfahren und die Kastenform zum Gelieren kalt stellen.

❻ Vor dem Stürzen die Form kurz in heißes Wasser tauchen, damit sich die Sülze leichter aus der Form lösen lässt. Mit einem elektrischen oder mit einem scharfen Küchenmesser die Sülze in 1 Zentimeter dicke Scheiben schneiden. Mit Mayonnaisetupfern und gehackter Petersilie verzieren.
Dazu passt frisches Baguette oder Fladenbrot.

▶ **Pro Portion**
344/82 kJ/kcal • 2 g Eiweiß
7 g Fett • 4 g Kohlenhydrate
1 g Ballaststoffe • 0 mg Cholesterin

Vegetarische Köstlichkeiten

Herbstliche Gemüseplatte

Für 4 Portionen

250 g Rosenkohl
Salz
1 Prise Natron
1 mittelgroßer Zucchino
300 g Hokkaido- oder Gartenkürbis
8 Wirsingblätter
2 Knoblauchzehen
250 g vorgekochte Maronen
1 EL Olivenöl »Zitrone«
1 EL Kräuteröl
2 EL Obstessig
1 TL gekörnte Gemüsebrühe
1 Prise Zimt
2 Messerspitzen Muskat
frisch gemahlener Pfeffer

🕐 Zubereitungszeit 35 Minuten

❶ Den Rosenkohl putzen, waschen und den Strunk kreuzweise einritzen. In 1/2 Liter Salzwasser mit einer Prise Natron etwa 25 Minuten garen.

❷ Den Zucchino waschen, putzen und mit einem Kugelausstecher kleine Kugeln vom Rand her ausstechen. Es sollte jede Kugel einen Teil grüne Schale enthalten. (Den Rest anderweitig verwenden). Den Kürbis waschen, schälen, entkernen und ebenfalls kleine Kugeln aus dem Fruchtfleisch herausstechen.

❸ Die Wirsingblätter mit kaltem Wasser abbrausen, 5 Minuten in Salzwasser kochen, gut abtropfen lassen und warm stellen. Die Knoblauchzehen abziehen und klein hacken. Die Maronen aus der Packung nehmen, in 1/8 Liter Salzwasser kurz aufkochen lassen und von der Kochstelle nehmen.

❹ Die beiden Öle in einer großen Pfanne erhitzen, den Knoblauch kurz darin anbraten und mit Essig ablöschen. Mit Gemüsebrühe, Zimt, Muskat und Pfeffer abschmecken und umrühren. Die Zucchini- und Kürbiskugeln hineingeben und zugedeckt 5–10 Minuten bei geringer Hitze braten. Die Pfanne gelegentlich schütteln.

❺ Den gegarten Rosenkohl und die Maronen in ein Sieb abgießen, gut abtropfen lassen und kurz mitbraten, dabei die Pfanne behutsam schütteln, bis sich alles gut vermischt. Das Gemüse-Maronengemisch auf die Wirsingblätter häufeln und servieren.
Dazu schmeckt Vollkorn- oder Basmatireis.

▶ Pro Portion

881/211 kJ/kcal • 5 g Eiweiß
7 g Fett • 32 g Kohlenhydrate
1 g Ballaststoffe • 0 mg Cholesterin

Zur herbstlichen Gemüseplatte passen Salzkartoffeln und Sauce hollandaise vorzüglich. Für die Sauce 2 Eigelbe und 4 Esslöffel Weißwein im Wasserbad schaumig schlagen. 250 Gramm flüssige Butter tropfenweise und unter ständigem Rühren dazugeben. Mit Zitronensaft, Salz und Pfeffer abschmecken.

3 Die Kartoffeln ungeschält halbieren oder vierteln. Die Möhren in 1/2 Zentimeter dicke Scheiben schneiden. Die Gemüsestücke in bunter Reihenfolge auf die Spieße stecken. Die Spieße mit dem Olivenöl »Zitrone« bepinseln und pfeffern.

4 Spieße auf dem Grill oder in der Pfanne im heißen Erdnussöl 10–15 Minuten knusprig braten.

▶ **Pro Portion**
1053/251 kJ/kcal • 7 g Eiweiß
8 g Fett • 37 g Kohlenhydrate
9 g Ballaststoffe • 0 mg Cholesterin

Gemüsespieße

Für 4 Portionen

12 kleine Kartoffeln
2 dicke Möhren
1 kleiner Zucchino, 1 Aubergine
2 Stangen Bleichsellerie
2 rote Paprikaschoten
1 EL Olivenöl »Zitrone«
frisch gemahlener Pfeffer
2 EL Erdnussöl (für die Pfanne)
12 Holzspieße

 Zubereitungszeit 35 Minuten

1 Die Kartoffeln waschen und in 1/2 Liter kochendes Wasser geben. Nach 10 Minuten die geschälten Möhren auf den Kartoffeln 10 Minuten mitdämpfen.

2 Zucchino waschen und in Scheiben schneiden. Die Aubergine putzen, waschen und würfeln. Bleichsellerie waschen und in 1/2 Zentimeter dicke Scheiben schneiden. Die Paprikaschoten waschen, entkernen und würfeln.

Zucchini-Kroketten

Für 4 Portionen

500 g Zucchini, 1/2 Chilischote
1 Schalotte, 2 Knoblauchzehen
1 EL Kräuter-Olivenöl
1/2 TL Weinstein-Backpulver
100 g Weizenvollkornmehl
1 TL Salz
Erdnussöl, 2 Zucchiniblüten

Zubereitungszeit 25 Minuten

1 Zucchini putzen, waschen, grob raspeln. Die Chilischote waschen, entkernen, klein schneiden und zu den Zucchini geben.

❷ Schalotte und Knoblauchzehen abziehen und klein schneiden. Mit Zucchini, Chilischote und Kräuteröl vermischen.

❸ Backpulver, Mehl und Salz vermischen und mit dem Gemüse zu einem Teig verkneten. Bei Bedarf etwas Wasser zufügen. 5 Zentimeter große Kroketten formen.

❹ Reichlich Erdnussöl in einer Pfanne erhitzen und die Kroketten auf beiden Seiten knusprig ausbacken. Auf Haushaltskrepp abtropfen lassen und mit den Zucchiniblüten verziert servieren.

▶ **Pro Portion**
952/227 kJ/kcal • 5 g Eiweiß
14 g Fett • 20 g Kohlenhydrate
3 g Ballaststoffe • 0 mg Cholesterin

Feuriger Gemüsetopf

Für 4 Portionen

1 Rettich, 1/2 TL Salz
1 rote und 1 grüne Chilischote
2 EL Olivenöl »Zitrone«
2 TL Gemüsebrühe
300 g Möhren
500 g Weißkohl
150 g Basmatireis
2 Knoblauchzehen, 2 EL Sherryessig
1 Bund Koriander, 1 EL Sojasauce

🕐 **Zubereitungszeit 30 Minuten**

❶ Den Rettich schälen, in dünne Scheiben hobeln und mit dem Salz vermischen. Die Chilischoten waschen, entkernen, in feine Ringe schneiden, mit dem Öl zum Rettich geben und 10 Minuten marinieren.

❷ 1 1/2 Liter Wasser mit der Gemüsebrühe zum Kochen bringen. Die Möhren schälen und grob raffeln. Den Weißkohl in feine Streifen schneiden. Das Gemüse in die Brühe geben und 5 Minuten garen.

❸ Den Basmatireis waschen und dazugeben. Das eingesalzene Rettich-Chili-Gemisch zufügen und bei schwacher Hitze 10 Minuten kochen lassen.

❹ Den Knoblauch abziehen, durchpressen und nach 5 Minuten mit dem Sherryessig zum Gemüsetopf geben. Koriander waschen und klein schneiden, das fertige Gericht damit bestreuen und mit Sojasauce würzen.

▶ **Pro Portion**
1048/250 kJ/kcal • 7 g Eiweiß
7 g Fett • 39 g Kohlenhydrate
8 g Ballaststoffe
0 mg Cholesterin

Je mehr weiße Innenhäute und Kerne der Chilischoten Sie mitverwenden, desto schärfer wird Ihr Gemüsetopf.

Gefüllte Wirsingblätter

Knoblauch, Basilikum und Olivenöl geben den gefüllten Wirsingblättern eine italienische Note (Seite 83).

Für 4 Portionen

150 g Naturreis
1 TL Meersalz
8 große Wirsingblätter
400 g Tomaten
1 Knoblauchzehe
250 g Champignons
1 Bund Basilikum
125 g Mozzarella
1 EL Olivenöl
50 g Pinienkerne
1 EL Rapsöl
frisch gemahlener Pfeffer

🕐 **Zubereitungszeit 60 Minuten**

❶ Den Reis mit kaltem Wasser waschen. 400 Milliliter Wasser mit dem Salz zum Kochen bringen. Den Reis zufügen, 5 Minuten sprudelnd kochen lassen und 35 Minuten bei schwacher Hitze garen.

❷ Die Wirsingblätter in 1 Liter kochendes Wasser legen, 3 Minuten blanchieren, mit der Schöpfkelle herausnehmen und abkühlen lassen. Die eingeritzten Tomaten in das heiße Wasser legen, kurz ziehen lassen und die Haut abziehen. Die Tomaten vierteln und beiseite stellen.

❸ Die Knoblauchzehe abziehen und fein hacken. Die Champignons putzen und würfeln. Die Basilikumblätter waschen und in Streifen schneiden. Den Mozzarella in kleine Würfel schneiden.

❹ Das Olivenöl in einer Pfanne erhitzen, die Pinienkerne darin goldbraun rösten, aus dem Öl nehmen und zur Seite stellen. In einer zweiten Pfanne das Rapsöl heiß werden lassen, die geschnittenen Champignons und den Knoblauch darin anrösten. Tomaten zufügen und 3 Minuten garen, danach die Kochplatte abschalten.

❺ Mozzarellawürfel und das geschnittene Basilikum unterrühren. Diese Masse mit dem fertig gegarten Reis vermischen und mit Pfeffer abschmecken. Die Wirsingblätter damit füllen und zu Rouladen formen.

❻ Das Olivenöl nochmals erhitzen und die Wirsingrouladen auf beiden Seiten bei milder Hitze einige Minuten anbraten. Das restliche Reisgemisch mit einer angefeuchteten Schöpfkelle zu Halbkugeln formen und auf vorgewärmten Tellern verteilen. Die Wirsingrollen dazugeben und mit den Pinienkernen bestreuen.

▶ **Pro Portion**
1585/378 kJ/kcal • 15 g Eiweiß
20 g Fett • 33 g Kohlenhydrate
5 g Ballaststoffe • 0 mg Cholesterin

Zucchini farciti

Für 4 Portionen

je 4 kleine gelbe und grüne Zucchini
Salz
1 Schalotte
1 Knoblauchzehe
1 rote und 1 grüne Paprikaschote
1 kleine Aubergine
1 Fleischtomate
4 EL Olivenöl extra vergine
1 TL gekörnte Gemüsebrühe
1 EL Aceto balsamico
frisch gemahlener Pfeffer
1 Bund Kerbel

TIP

Wer mag, kann die gefüllten Zucchini noch kurz vor Ende der Garzeit mit etwas geriebenem Hartkäse bestreuen.

🕐 **Zubereitungszeit 50 Minuten**

❶ Die Zucchini waschen, längs halbieren, das Fruchtfleisch mit einem Teelöffel 2 Zentimeter tief aushöhlen und die Früchte sparsam salzen. Das Fruchtfleisch klein schneiden. Schalotte und Knoblauchzehe abziehen und klein würfeln.

❷ Die Paprikaschoten waschen, entkernen und in kleine Würfel schneiden. Die Aubergine waschen, den Stielansatz abschneiden und ebenfalls würfeln.

Die Tomate mit kochendem Wasser überbrühen, häuten und klein schneiden.

❸ Etwas Olivenöl mäßig erhitzen, die Zucchini auf beiden Seiten kurz anbraten, aus der Pfanne nehmen und zur Seite stellen. Restliches Olivenöl in die Pfanne geben und die Schalotten, Knoblauch, Paprika- und Auberginenwürfel, Tomatenstückchen und das klein geschnittene Fruchtfleisch anbraten.

❹ Die gekörnte Gemüsebrühe darüber streuen und verrühren. Mit dem Aceto balsamico und Pfeffer abschmecken. Die vorgebratenen Zucchinihälften mit der Masse füllen. Die gefüllten Zucchini in der Pfanne zugedeckt 10 Minuten schmoren lassen.

❺ Den Kerbel waschen, die Blätter abzupfen und über das fertige Gericht streuen. Dazu passen Kartoffeln, Nudeln oder Reis.

▶ **Pro Portion**

700/167 kJ/kcal • 6 g Eiweiß
11 g Fett • 10 g Kohlenhydrate
5 g Ballaststoffe • 0 mg Cholesterin

Gefüllte Champignons

Für 4 Portionen

4 große Champignons
1/2 TL Salz
frisch gemahlener Pfeffer
2 EL Olivenöl
1 Schalotte
1/2 Bund Petersilie
200 g Kräuterfrischkäse
3 EL Walnussflocken
1/2 TL gekörnte Gemüsebrühe
Salatblätter

🕐 **Zubereitungszeit 25 Minuten**

❶ Die Champignons säubern, die Stiele herausdrehen, mit einem Teelöffel den Stielansatz aushöhlen und mit Salz und Pfeffer bestreuen. Das Öl erhitzen, die Champignons mit der ausgehöhlten Seite nach unten einige Minuten anbraten und wieder herausnehmen.

❷ Schalotte abziehen und fein würfeln. Die Stiele und das Ausgehöhlte der Champignons sehr klein hacken. Die Zwiebel in das heiße Öl geben und anbraten, die Champignonreste zufügen, 3 Minuten schmoren lassen und beiseite stellen.

❸ Petersilie waschen, die Blätter abzupfen und fein hacken. Kräuterfrischkäse, Walnussflocken, Pfeffer, Gemüsebrühe und Petersilie zu der abgekühlten Zwiebel-Champignonmasse geben und gut vermengen.

❹ Die Pilze mit der Masse füllen und das Öl wieder erhitzen. Die gefüllten Champignons diesmal mit der Öffnung nach oben in die Pfanne geben und 5 Minuten garen.

❺ Jeweils einen gefüllten Champignon auf einen kleinen Teller legen und mit knackig frischen Salatblättern servieren.

▶ **Pro Portion**
1147/274 kJ/kcal • 4 g Eiweiß
26 g Fett • 4 g Kohlenhydrate
1 g Ballaststoffe
52 mg Cholesterin

Die gefüllten Champignons sind eine leichte Vorspeise für vier Personen. Mit etwas frischem Weißbrot und einem kleinen Salat dazu wird daraus ein Abendessen.

85

Spargelragout

Für 4 Portionen

500 g weißer Spargel
500 g grüner Spargel
Salz
Zucker
2 EL Butter
2 Messerspitzen Muskat
200 g Frühlingszwiebeln
2 EL Olivenöl »Zitrone«
2 EL fein gemahlener Grünkern
100 g geröstete Erdnüsse
200 g Crème fraîche
frisch gemahlener Pfeffer

Grünkern ist nichts anderes als unreif geernteter Dinkel. Das Getreide mit seinem dezent nussigen Aroma liefert viele Ballaststoffe, hochwertiges Eiweiß, außerdem Kalzium für die Knochen und Eisen für den Sauerstofftransport im Blut.

🕐 **Zubereitungszeit 40 Minuten**

❶ Den weißen und den grünen Spargel waschen und alle Enden frisch anschneiden. Die weißen Spargelstangen unter dem Spargelkopf beginnend schälen.

❷ 1 l Wasser mit je einer Prise Salz und Zucker zum Kochen bringen und die Spargelschalen 10 Minuten darin auskochen.

❸ Die Spargelstangen in drei Teile schneiden, die Köpfe zur Seite legen und die restlichen weißen Spargelstückchen auf den Schalen 5 Minuten garen. Die Spargelstücke mit einer Schaumkelle herausnehmen, den Sud durch ein Sieb gießen und die Schalen ausdrücken.

Die gerösteten Erdnüsse mit ihrem kräftigen Geschmack harmonieren sehr gut mit dem zarten Aroma des Spargels (Seite 87).

❹ Den Spargelsud mit Butter und Muskat zum Kochen bringen und die vorgegarten Stücke sowie die weißen Spargelköpfe und die grünen Spargelstücke 8 Minuten darin garen.

❺ Die Frühlingszwiebeln putzen und waschen. Den grünen Teil in Röllchen schneiden. Den weißen Teil in 1 Zentimeter große Stücke schneiden.

❻ Den Spargel mit einer Schaumkelle aus dem Sud nehmen und warm stellen. Das Öl erwärmen, die vorbereiteten Frühlingszwiebeln kurz anbraten, den gemahlenen Grünkern darüber streuen, die Erdnüsse zufügen und 3 Minuten rösten. Mit dem Spargelsud ablöschen. Mit einem Schneebesen verrühren und einige Minuten bei schwacher Hitze kochen lassen.

❼ Crème fraîche zufügen, verrühren und mit Pfeffer und eventuell Salz abschmecken. Die Spargelstücke in die Sauce geben. Das Gericht mit den Zwiebelröllchen garnieren. Dazu schmecken neue Kartoffeln in der Schale.

▶ **Pro Portion**
1991/475 kJ/kcal • 14 g Eiweiß
37 g Fett • 17 g Kohlenhydrate
7 g Ballaststoffe • 57 mg Cholesterin

Spinatbällchen in Walnussflockenkruste

Für 4 Portionen

1 kg Spinat

3 EL Kräuter-Knoblauchöl

1 TL gekörnte Gemüsebrühe

2 Messerspitzen Muskat

frisch gemahlener Pfeffer

1 kleines Päckchen Kartoffelpüree für 4 Personen

Olivenöl

100 g Walnussflocken

🕐 **Zubereitungszeit 20 Minuten**

❶ Den Spinat verlesen, waschen und kurz in wenig Wasser blanchieren. Den Spinat abtropfen lassen, dabei das Kochwasser auffangen. 16 große Spinatblätter beiseite legen, den restlichen Spinat klein hacken und mit Kräuteröl, Gemüsebrühe , Muskatnuss und Pfeffer würzen.

❷ Kartoffelpüree nach Vorschrift zubereiten, dabei das Spinatwasser mitverwenden. Den gehackten Spinat untermischen. Jeweils einen Klecks auf ein Spinatblatt legen und zu einer Kugel formen.

❸ Die Spinatbällchen mit Olivenöl bepinseln und in den Walnussflocken

wenden. Das restliche Kräuteröl erhitzen und die Spinatkugeln darin knusprig braten.

▶ **Pro Portion**

1566 kJ/ 375 kcal • 13 g Eiweiß
24 g Fett • 21 g Kohlenhydrate
6 g Ballaststoffe • 0 mg Cholesterin

Pastinaken mit Haferkruste

Für 4 Portionen

750 g Pastinaken

1/4 l Gemüsebrühe

2 Zweige Zitronenthymian

1 Zweig Majoran

1 EL Olivenöl

200 g Crème fraîche

frisch gemahlener Pfeffer

250 g Haferflocken

100 g Sonnenblumenkerne

150 g Emmentaler

1 EL Haselnussöl

🕐 **Zubereitungszeit 50 Minuten**

❶ Die Pastinaken waschen, schälen und in 1 Zentimeter breite und 4 Zentimeter lange Stifte schneiden.

❷ Die Gemüsebrühe zum Kochen bringen, die Pastinaken zugeben und 10 Minuten bei geringer Hitze garen.

❸ Thymian und Majoran waschen, trockentupfen und die Blättchen abzupfen. Eine Auflaufform mit Olivenöl auspinseln. Die vorgegarten Pastinakenstifte hineingeben. Die Hälfte der Gemüsebrühe mit Crème fraîche und Pfeffer verrühren, die abgezupften Kräuter zufügen und die Masse über die Pastinaken verteilen.

❹ Haferflocken und Sonnenblumenkerne mit der restlichen Gemüsebrühe verrühren. Die Mischung über die Pastinaken verteilen, den Käse reiben, darüber streuen und das Haselnussöl gleichmäßig über die Hafermischung gießen. Den Auflauf in den kalten Backofen (mittlere Schiene) schieben und bei 200 °C (Umluft 180 °C, Gas Stufe 3) etwa 20 Minuten backen, bis die Kruste goldgelb ist.

▶ **Pro Portion**
3379/807 kJ/kcal • 31 g Eiweiß
49 g Fett • 54 g Kohlenhydrate
5 g Ballaststoffe • 80 mg Cholesterin

Kartoffel-Lauch-Gratin

Für 4 Portionen

750 g Kartoffeln, 500 g Lauch
3 EL Rosmarinöl
1 1/2 TL gekörnte Gemüsebrühe
200 g Emmentaler

 Zubereitungszeit 30 Minuten

❶ Die Kartoffeln schälen und raffeln. Den Lauch putzen, waschen und in Ringe schneiden.

❷ 1 EL Öl erhitzen, die Hälfte der Kartoffelmasse anbraten, mit Gemüsebrühe würzen und in eine gefettete Auflaufform geben.

❸ 1 EL Öl erhitzen, den tropfnassen Lauch kurz anbraten und auf die Kartoffeln schichten. Im restlichen Öl die zweite Hälfte der Kartoffeln braten, würzen und auf dem Lauch verteilen. Den Käse darüber streuen und das Gratin im Backofen bei 200 °C (Umluft 180 °C, Gas Stufe 4) 20 Minuten backen.

▶ **Pro Portion**
1835/438 kJ/kcal
21 g Eiweiß
23 g Fett
33 g Kohlenhydrate
8 g Ballaststoffe
46 mg Cholesterin

TIP

Soll das Gratin schön saftig sein, gießen Sie vor dem Überbacken noch etwa 100 Milliliter süße Sahne darüber.

89

Gefüllte Sesampfannkuchen

Für 4 Portionen

200 g Dinkelmehl
100 g Weizenmehl Type 405
1/2 TL Backpulver, 1/4 l Milch
1 EL flüssiges Sojalezithin
2 EL Sesamöl, 1 TL Salz
3–4 EL Erdnussöl
50 g Sesamsamen
10 g Schwarzkümmelsamen

Füllung:

1/2 Salatgurke
1 kleiner Chinakohl
250 g Sojasprossen
1 rote und 1 grüne Paprikaschote
4 Shiitakepilze
1 Bund Koriander
2 EL Kräuter-Knoblauchöl
1 EL geriebener Ingwer
1 EL Umeboshi-Essig
1 EL Sojasauce
frisch gemahlener Pfeffer

Zubereitungszeit 35 Minuten

❶ Mehle und Backpulver in einer Rührschüssel vermischen. Milch, 1/4 Liter Wasser, Lezithin, Öl und Salz zufügen, mit einem Handrührgerät verquirlen und den Teig 20 Minuten ruhen lassen.

Sesam- und Schwarzkümmelsamen machen aus den Pfannkuchen ein herzhaftes, unwiderstehliches Hauptgericht (Seite 91).

❷ Für die Füllung die Gurke waschen, schälen und klein würfeln. Chinakohl waschen und in Streifen schneiden. Sojasprossen verlesen und waschen. Paprikaschoten waschen, entkernen und in Stifte schneiden.

❸ Shiitakepilze putzen und in Streifen schneiden. Koriander waschen und klein hacken. Einige Blättchen zum Verzieren aufheben. Knoblauchöl erhitzen und die Pilze anbraten. Gurkenstückchen und Paprikastreifen zufügen und unter Rühren 3 Minuten braten.

❹ Sojasprossen und Ingwer dazugeben, verrühren, zugedeckt 5 Minuten braten, mit Umeboshi-Essig, Sojasauce und Pfeffer abschmecken und warm stellen.

❺ Aus dem gequollenen Teig im erhitzten Erdnussöl kleine, dünne Pfannkuchen ausbacken, dabei vor dem Wenden jeweils etwas Sesam- und Schwarzkümmelsamen darüber streuen.

❻ Die Gemüsefüllung mit dem geschnittenen Koriandergrün vermischen und auf den Pfannkuchen verteilen. Pfannkuchen zweimal zusammenklappen und mit den Korianderblättchen verzieren.

▶ **Pro Portion**
2664/637 kJ/kcal • 17 g Eiweiß
31 g Fett • 68 g Kohlenhydrate
6 g Ballaststoffe • 8 mg Cholesterin

Bandnudeln mit Artischocken

Für 4 Portionen

8 junge Artischocken

1,5 l Wasser

3 EL Obstessig

Salz

2 Schalotten, 1 Knoblauchzehe

4 Fleischtomaten

2 getrocknete, in Öl eingelegte Tomaten

1 EL Rosmarinöl, 1 EL Olivenöl

1 TL gekörnte Gemüsebrühe

600 g bunte Tagliatelle

frisch gemahlener Pfeffer

🕐 **Zubereitungszeit 30 Minuten**

❶ Von den Artischocken die äußeren Blätter entfernen, die Blattspitzen mit einer Schere abschneiden. Das Wasser mit dem Essig zum Kochen bringen und die Artischocken 20 Minuten bei schwacher Hitze kochen.

❷ Reichlich Salzwasser für die Nudeln aufsetzen. Schalotten und Knoblauch abziehen und würfeln. Tomaten mit kochendem Wasser überbrühen, häuten und würfeln.

❸ Die marinierten Tomaten abtupfen und in Streifen schneiden. Öle erhitzen, Schalotten und Knoblauch goldgelb braten. Frische und getrocknete Tomaten zufügen und alles 5 Minuten bei kleiner Hitze weitergaren.

❹ Die Nudeln »al dente« garen und abgießen. Die Artischocken zu den Tomaten geben und vermischen. Die noch tropfenden Nudeln (etwas Flüssigkeit ist erwünscht) in die Sauce geben und vermischen.

▶ **Pro Portion**

2711/648 kJ/kcal

22 g Eiweiß

11 g Fett

113 g Kohlenhydrate

18 g Ballaststoffe

141 mg Cholesterin

TIP

Wer etwa 20 Minuten Zeit sparen will, kann statt der frisch zubereiteten auch marinierte Artischocken verwenden. Dann jedoch das Öl weglassen.

Wildreis-Gemüsepfanne

Für 4 Portionen

150 g Wildreismischung

Salz

1 rote und 1 grüne Paprikaschote

250 g Brokkoli

4 Frühlingszwiebeln

4 Shiitakepilze

1 Bund Koriander

3 EL Sonnenblumenöl

1 TL gekörnte Gemüsebrühe

frisch gemahlener Pfeffer

1 EL Himbeeressig

🕐 **Zubereitungszeit 50 Minuten**

❶ Den Reis in ein Sieb geben und waschen. 600 Milliliter Salzwasser zum Kochen bringen, den Reis zufügen, kurz aufkochen und 30 bis 40 Minuten bei schwacher Hitze zugedeckt ausquellen lassen.

❷ Paprikaschoten waschen, entkernen und klein würfeln. Den Brokkoli waschen, in Röschen teilen, die dicken Stiele schälen und würfeln. Die Frühlingszwiebeln putzen, waschen und in Ringe schneiden. Die Shiitakepilze waschen und je nach Größe vierteln oder in Streifen schneiden. Den frischen Koriander waschen, hacken und in einem Schälchen zur Seite stellen.

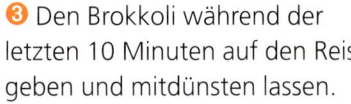

❸ Den Brokkoli während der letzten 10 Minuten auf den Reis geben und mitdünsten lassen.

❹ Pilze, Paprikawürfel und Frühlingszwiebeln im heißen Öl einige Minuten braten, mit der Gemüsebrühe bestreuen und pfeffern.

❺ Den gegarten Reis und den Brokkoli in die Pfanne mit dem Gemüse geben, den Himbeeressig darüber träufeln und vermischen.

▶ **Pro Portion**
1026/245 kJ/kcal • 7 g Eiweiß
9 g Fett • 33 g Kohlenhydrate
6 g Ballaststoffe • 0 mg Cholesterin

Wildreis ist – obwohl dieser Name es vermuten lässt – kein Reis, sondern das Korn einer Wildgetreideart, dem Wassergras. Sein Anbau ist sehr aufwändig, so dass er zu den teuersten Getreidesorten zählt. Seine langen, nadelförmigen, schwarzen Körner schmecken intensiv und lassen sich gut mit anderen Reisarten mischen.

Exotisches aus Tofu

Asiatische Gemüse-Reispfanne

Für 4 Portionen

200 g Basmati-Vollreis
Salz
20 g getrocknete Mu-Err-Pilze
3 Möhren
3 Frühlingszwiebeln
100 g Zuckerschoten
1 kleiner Chinakohl
100 g Sojasprossen
150 g Bambussprossen
1 walnussgroßes Stück Ingwer
1 Bund Koriander
1 TL Speisestärke
1 EL Sesamöl, 2 EL Sojaöl
50 g Cashewkerne
1 EL Sojasauce
frisch gemahlener Pfeffer
sweet & sour-Sauce

🕐 Zubereitungszeit 40 Minuten

❶ Den Reis waschen. 400 Milliliter Salzwasser zum Kochen bringen, den Reis zugeben, kurz aufwallen lassen und bei schwacher Hitze 30 bis 35 Minuten ausquellen lassen.

❷ Mu-Err-Pilze sorgfältig waschen und in warmem Wasser bedeckt einweichen. Möhren schälen und in Stifte schneiden. Frühlingszwiebeln waschen und in Ringe schneiden. Die Zuckerschoten waschen und schräg in 3 Stücke schneiden, damit kleine Rauten entstehen.

❸ Den Chinakohl waschen und in feine Streifen schneiden. Soja- und Bambussprossen abgießen. Den Ingwer schälen und in feine Streifen schneiden. Den Koriander waschen, die Blättchen abzupfen.

❹ Zuckerschoten, Chinakohl, Soja- und Bambussprossen sowie Ingwer in einer Schüssel mischen. Die Pilze abtropfen lassen. Das Stärkemehl mit dem Einweichwasser verrühren, die Pilze in Streifen schneiden.

❺ Im Wok Sesamöl und etwas Sojaöl erhitzen. Die Pilze braten und an den Rand hoch schieben. Die Cashewkerne rösten, die Möhren und Frühlingszwiebeln zufügen. Nach einigen Minuten das Gemisch ebenfalls am Wokrand hoch schieben, etwas Öl nachgießen und das restliche Gemüse portionsweise garen.

❻ Die angerührte Stärke zufügen und kurz aufkochen lassen. Die Sauce mit allen angebratenen Zutaten mischen, mit Sojasauce und Pfeffer abschmecken. Die Korianderblättchen darüber streuen und mit dem Reis und sweet & sour-Sauce servieren.

▶ **Pro Portion**
1732/414 kJ/kcal • 12 g Eiweiß
17 g Fett • 51 g Kohlenhydrate
9 g Ballaststoffe • 0 mg Cholesterin

Basmatireis, auch Duftreis genannt, stammt ursprünglich aus dem Himalaja. Das Korn wird beim Kochen etwa doppelt so lang und gilt als echte Spezialität.

Tomaten-Okragemüse

Die sechskantigen Okraschoten schmecken roh und als Kochgemüse. Sie sind maximal vier Tage im Kühlschrank haltbar.

Für 4 Portionen

750 g Tomaten

Salz

500 g Okraschoten

1 EL Obstessig

3 EL Olivenöl

2 Knoblauchzehen

frisch gemahlener Pfeffer

1 EL Sojasauce

1 Bund Koriander

🕐 **Zubereitungszeit 25 Minuten**

❶ Die Tomaten waschen, mit einem Messer einritzen und mit kochendem Salzwasser überbrühen, häuten und vierteln. Die Okraschoten waschen, zu lange Stielenden abschneiden, ohne die Schote zu verletzen. Den Essig in das Salzwasser geben, wieder zum Kochen bringen, die Okras zufügen und 3 Minuten darin ziehen lassen.

❷ Das Öl in einer Pfanne heiß werden lassen, die Okras mit einer Schöpfkelle aus dem Wasser nehmen, in die Pfanne geben und 3 Minuten unter ständigem Rühren anbraten. Die Knoblauchzehen abziehen und zerdrücken und mit den Tomatenvierteln zu den Okras geben. Mit Pfeffer bestreuen und in 15 Minuten garen.

❸ Mit Sojasauce abschmecken. Den Koriander waschen, trockentupfen, die Blätter in Streifen schneiden und über das fertige Gericht streuen. Dazu passen Reis oder Chapatis (indische Flachbrote aus Mehl, Wasser und Salz).

▶ **Pro Portion**

564/134 kJ/kcal • 5 g Eiweiß
8 g Fett • 10 g Kohlenhydrate
10 g Ballaststoffe • 0 mg Cholesterin

Gebratene Okraschoten

Für 4 Portionen

500 g Okraschoten

1 Knoblauchzehe

3 EL Olivenöl

1/2 TL Salz

1 Chilischote

🕐 **Zubereitungszeit 10 Minuten**

❶ Die Okraschoten waschen, längere Stiele kürzen, ohne die Schote anzuschneiden. Die Knoblauchzehen abziehen und in dünne Scheibchen schneiden. Die Schoten mit dem Knoblauch zusammen im heißen Olivenöl knusprig braten, etwas salzen.

❷ Die Chili-schote waschen, entkernen und zum Schluss 1 Minute mitschmoren lassen.

❶ Den Kürbis waschen und schälen. Die Kerne entfernen und beiseite stellen. Das Fruchtfleisch in Würfel schneiden. Zwiebeln abziehen und klein hacken.

❷ Das Öl in einer großen Pfanne erhitzen, Kreuzkümmel kurz anrösten, Chilipulver, Gelbwurz, Ingwerpulver, Muskat und die Zwiebeln zufügen und unter Rühren kurz anrösten. Das Kürbis-fleisch zufügen und etwa 5 Minuten braten.

❸ Die Kürbiskerne aus dem Kerngewebe lösen, waschen und klein hacken. Die Gemüsebrühe zum Kürbis geben und nochmals kurz aufkochen lassen. Das Gericht mit Salz abschmecken und die Kürbiskerne darüber streuen.

Für eine Kürbis-cremesuppe die angebratenen Kürbiswürfel mit 1 1/2 Liter Gemüse-brühe aufgießen, weich kochen und vor dem Servieren pürieren. Mit etwas geschlagener Sahne verfeinern und mit gerösteten Kürbis-kernen bestreuen.

▶ **Pro Portion**
402/96 kJ/kcal • 3 g Eiweiß
8 g Fett •3 g Kohlenhydrate
6 g Ballaststoffe • 0 mg Cholesterin

Kürbiscurry

Für 4 Portionen

750 g Hokkaido-Kürbis

2 kleine Zwiebeln

3 EL Kürbiskernöl

1 TL Kreuzkümmel

2 Messerspitzen Chilipulver

2 TL Gelbwurz (Kurkuma)

1/2 TL Ingwerpulver

1 Messerspitze Muskat

50 ml Gemüsebrühe

Salz

🕐 **Zubereitungszeit 20 Minuten**

▶ **Pro Portion**
507/120 kJ/kcal • 2 g Eiweiß
8 g Fett • 10 g Kohlenhydrate
1 g Ballaststoffe • 0 mg Cholesterin

Frühlingsrollen

Für 20 Stück

Servieren Sie zu den Frühlingsrollen einen Weißkohl- oder Chinakohlsalat und Sojasauce oder eine süßsaure asiatische Sauce zum Dippen.

1 Packung (10 Scheiben) tiefgekühlter Blätterteig
250 g Sojasprossen
250 g Frühlingszwiebeln
100 g Möhren
100 g Champignons
Öl zum Frittieren
1 1/2 TL Salz
1 TL Zucker
1 EL Sojasauce
1 1/2 EL Mehl

🕐 Zubereitungszeit 40 Minuten

❶ Den Blätterteig aus der Packung nehmen und mit einem feuchten Tuch bedeckt auftauen lassen.

❷ Die Sojasprossen in kaltes Wasser legen, die an der Oberfläche schwimmenden Teile entfernen und die Sprossen abgießen. Die Frühlingszwiebeln putzen und waschen. Das Grün der Frühlingszwiebeln schräg in dünne Streifen, den weißen Teil in Ringe schneiden.

❸ Die Möhren waschen, schälen und in feine Stifte schneiden, die Champignons mit einem Tuch säubern und in Scheiben schneiden. Einige Esslöffel Öl in eine Pfanne oder in den Wok geben und das vorbereitete Gemüse einige Sekunden unter Rühren garen.

Frühlingsrollen – knackiges Gemüse im knusprigen Teigmantel versteckt (Seite 99).

Salz, Zucker und Sojasauce zufügen, verrühren und etwas abkühlen lassen.

❹ Die aufgetauten Teigblätter diagonal durchschneiden. Jedes Dreieck mit der Gemüsemischung belegen und wie ein Briefkuvert zusammenschlagen. Mehl und etwas Wasser in einer Tasse verrühren, die Oberfläche und die Teigränder damit einpinseln und gut zusammenkleben.

❺ Öl in einer Fritteuse oder einem Wok erhitzen, bis sich leichter Rauch entwickelt, Hitze verringern und das Öl einige Minuten abkühlen lassen.

❻ Jeweils 5 Rollen frittieren, abtropfen lassen und warm halten, bis alle Frühlingsrollen gebacken sind.

▶ **Pro Stück**
750/180 kJ/kcal • 3 g Eiweiß
13 g Fett • 11 g Kohlenhydrate
1 g Ballaststoffe • 30 mg Cholesterin

TIP

Wer auf Fleisch oder Fisch nicht verzichten möchte, brät zusätzlich 150 Gramm Hackfleisch oder Krabben in Olivenöl kräftig an und gibt sie mit in die Füllung.

»Mianjin« frittiertes Gluten

Gluten – das Kleber-
eiweiß aus Weizenmehl –
heißt in China »Mianjin«,
was soviel wie
falsches Fleisch oder
falsches Huhn bedeutet.

Für 4 Portionen

1 kg Mehl
Salz
ca. 500 ml warmes Wasser
Erdnussöl zum Frittieren
1 TL Salz und 1 TL Zucker
1 EL Sojasauce
1/4 TL Glutamat
1/8 l Gemüsebrühe zum Beträufeln

🕐 **Zubereitungszeit 90 Minuten**

❶ Mehl und 1 Esslöffel Salz in eine Rührschüssel geben. Nach und nach das Wasser zufügen und mit dem Handrührgerät zu einem festen, geschmeidigen Teig verarbeiten. Mit einem feuchten Tuch zugedeckt 1 Stunde ruhen lassen.

❷ Den Teigkloß in ein Sieb geben und unter fließendem Wasser kräftig kneten, um die Stärke auszuwaschen. Nach etwa 10 Minuten bleibt das Klebereiweiß von etwa 300 Gramm zurück, das zu einem Kloß geformt wird. 35–40 Stücke abschneiden. Die unge-kochten Stücke nicht zu eng zusammenlegen, sonst kleben sie wieder zusammen.

❸ Das Öl in einem Wok oder einer Fritteuse erhitzen. Jeweils etwa 6 Glutenstücke in 3 Minuten gold-braun frittieren. Mit einer Schöpf-kelle herausnehmen und auf Küchenpapier abtropfen lassen.

❹ Sind alle Mianjins frittiert, das Öl bis auf einen kleinen Rest in ein Gefäß zu anderweitiger Ver-wendung abgießen. Salz, Zucker, Sojasauce und Glutamat in den Wok geben und die vorfrittierten Stückchen 2 Minuten in der Ge-würzmischung braten. Gemüse-brühe darüber träufeln.

▶ **Pro Portion**
4153/993 kJ/kcal • 25 g Eiweiß
17 g Fett • 179 g Kohlenhydrate
10 g Ballaststoffe • 0 mg Cholesterin

Knuspriger »Seetang«

Für 4 Portionen

750 g Grünkohl
50 g Mandelsplitter
3/4 l Rapsöl zum Frittieren
1 TL Salz
1 TL Zucker

 Zubereitungszeit 30 Minuten

Gebratener Kohlraps

Für 4 Portionen

500 g Kohlraps
1 nussgroßes Stück Ingwer
3 EL Rapsöl
1 TL Salz
1 TL Zucker
1 EL helle Sojasauce

🕐 **Zubereitungszeit 10 Minuten**

❶ Den Kohlraps waschen, die stärkeren Stiele abschneiden und welke Blätter abzupfen. Den Ingwer schälen und in dünne Scheiben schneiden.

❷ Das Öl in einem Wok erhitzen, zunächst den Ingwer, dann den Kohlraps zufügen und unter Rühren kurz anbraten. Salz und Zucker zugeben und 1 Minute weiterbraten.

❸ Die Sojasauce darüber träufeln, verrühren und bei kleiner Hitze 1 Minute weiter garen lassen. Als Beilage zu Reis und Tofu servieren.

▶ **Pro Portion**
390/94 kJ/kcal
2 g Eiweiß
8 g Fett
 3 g Kohlenhydrate
2 g Ballaststoffe
0 mg Cholesterin

Raps oder Kohlraps hat dunkelgrüne bis bläuliche Blätter. Sein Geschmack ist sehr aromatisch und rettichähnlich. Er ist in der asiatischen Küche sehr beliebt.

---

❶ Den Grünkohl waschen, die groben Stiele und den Strunk herausschneiden. Die Blätter in hauchdünne Streifen schneiden und auf einem Küchentuch trocknen lassen. Mandelsplitter in einer beschichteten Pfanne ohne Öl leicht anrösten.

❷ Das Öl im Wok oder in einer Fritteuse erhitzen. Die Grünkohlstreifen portionsweise in das Öl geben, umrühren und sofort herausnehmen, wenn die Streifen an der Oberfläche schwimmen.

❸ Das überschüssige Fett auf Küchenpapier abtropfen lassen und die frittierten Grünkohlstreifen warm stellen. Würzen, mit Mandelsplittern bestreuen und servieren.

▶ **Pro Portion**
1600/381 kJ/kcal • 10 g Eiweiß
33 g Fett • 8 g Kohlenhydrate
9 g Ballaststoffe • 0 mg Cholesterin

101

Das Kochen mit dem Wok liegt voll im Trend gesunder Ernährung. Das Grundprinzip beim Kochen mit dem Wok ist nämlich, dass das Gemüse nur kurz angebraten wird und durchaus noch knackig sein darf, was den Vitaminen sehr gut tut.

Spinatkartoffeln

Für 4 Portionen

1 kg gekochte Kartoffeln
750 g TK-Blattspinat
1 Bund Frühlingszwiebeln
2 Kugeln Mozzarella (à 125 g)
1 Bund Thymian
3 EL Erdnussöl
75 g Cashewkerne
2 Knoblauchzehen
2 EL Sojasauce
frisch gemahlener Pfeffer

🕐 **Zubereitungszeit 35 Minuten**

❶ Kartoffeln schälen und vierteln. Spinat auftauen lassen. Frühlingszwiebeln putzen, waschen und in Scheiben schneiden. Mozzarella würfeln, Thymianblättchen abzupfen.

❷ Öl im Wok erhitzen, Kartoffeln darin anbraten. Cashewkerne und abgezogene Knoblauchzehen zugeben. Spinat und Frühlingszwiebeln nach und nach dazugeben und 10 Minuten mitbraten.

❸ Mit Thymian, Sojasauce und Pfeffer abschmecken, den Käse zugeben und schmelzen lassen.

▶ **Pro Portion**
2294/548 kJ/kcal • 27 g Eiweiß
26 g Fett • 47 g Kohlenhydrate
11 g Ballaststoffe • 0 mg Cholesterin

Das zarte Erdnussöl, frischer Thymian und knackige Cashewkerne sorgen dafür, dass aus Kartoffeln und Spinat ein außergewöhnliches Gericht wird (Seite 103).

Indischer Zitronenreis

Für 4 Portionen

250 g Basmatireis, Salz
1 Bund Koriander
1 Zitrone
2 EL Chiliöl
1 EL Olivenöl »Zitrone«
1 TL schwarze Senfkörner
4 EL Cashewkerne
2 EL Erdnüsse
1 TL Gelbwurz (Kurkuma)

🕐 **Zubereitungszeit 15 Minuten**

❶ Den gewaschenen Reis in kochendes Salzwasser geben und bei kleiner Hitze 10 Minuten ausquellen lassen. Die Korianderblätter abzupfen und klein hacken. Die Zitrone auspressen.

❷ Das Öl in einer Pfanne erhitzen, die Senfkörner zufügen und rösten, bis sie springen. Cashewkerne und Erdnüsse hacken, mit dem Gelbwurz in die Pfanne geben und unter Rühren rösten.

❸ Den gegarten Reis zufügen, Zitronensaft darüber träufeln und vermischen. Mit dem gehackten Koriander bestreut servieren.

▶ **Pro Portion**
1600/383 kJ/kcal • 8 g Eiweiß
16 g Fett • 51 g Kohlenhydrate
3 g Ballaststoffe • 0 mg Cholesterin

Tofuscheiben mit Pesto von Rucola

Für 4 Portionen

2 Knoblauchzehen

50 g Rucola

1 Bund Basilikum

2 Zweige Liebstöckel

50 g Pinienkerne

500 g Tofu

1/2 TL Salz

1/4 TL Pfeffer

3 EL Olivenöl »Zitrone«

🕐 **Zubereitungszeit 15 Minuten**

❶ Die Knoblauchzehen abziehen. Rucola, Basilikum und Liebstöckel waschen und trocknen.

❷ Die Pinienkerne in einer beschichteten Pfanne goldbraun rösten. Knoblauch, Kräuter und die Pinienkerne mit einem Stabmixer fein pürieren. Tofu in Scheiben schneiden, salzen und pfeffern.

❸ Das Öl in einer Pfanne erhitzen und die Tofuscheiben goldbraun braten. Das Pesto und die gebratenen Tofuscheiben getrennt servieren.

▶ **Pro Portion**

1066/255 kJ/kcal • 11 g Eiweiß

21 g Fett • 5 g Kohlenhydrate

1 g Ballaststoffe • 0 mg Cholesterin

TIP

Bleibt vom Pesto ein Rest, können Sie es in ein Schraubglas füllen, mit Öl bedecken und im Kühlschrank vier Tage aufbewahren.

Tofu-»Rühreier« (crumbled Tofu)

Für 4 Portionen

400 g Tofu

1 EL Flüssigwürze

2 EL Tamari

1/2 TL Salz, 1/2 TL Curry

1/2 TL süßes Paprikapulver

1 Messerspitze Muskat

1 EL Sojalezithin flüssig

2 EL Kräuter-Knoblauchöl

🕐 **Zubereitungszeit 15 Minuten**

❶ Den Tofu grob zerdrücken, mit Flüssigwürze und Tamari beträufeln, salzen und zwei Drittel zur Seite stellen. Das restliche Drittel mit Curry, Paprika, Muskat und Lezithin vermischen.

❷ Die Hälfte des Öls in einer Pfanne erhitzen und den weißen Tofu unter ständigem Rühren 2 bis 3 Minuten braten und warm stellen. Den gewürzten Tofu ebenso braten und in der Mitte des weißen Tofus platzieren.

▶ **Pro Portion**

545/129 kJ/kcal • 8 g Eiweiß

9 g Fett • 3 g Kohlenhydrate

0 g Ballaststoffe

0 mg Cholesterin

Tofuburger

Für 8 Portionen

1 altbackenes Vollkornbrötchen

2 EL getrocknetes Suppengemüse

500 g Tofu

3 EL passierte Tomaten

1/2 TL Salz

frisch gemahlener Pfeffer

1/4 TL Muskat

1 EL Flüssigwürze

1 EL Knoblauch-Kräuteröl

1 Bund Petersilie

50 g Sesam

3 EL Erdnussöl

🕐 **Zubereitungszeit 30 Minuten**

❶ Das Brötchen in Scheiben schneiden, mit dem Suppengemüse in eine Schüssel geben, 1/4 Liter heißes Wasser darüber gießen und 5 Minuten einweichen.

❷ Den Tofu fein zerdrücken, Tomaten, Salz, Pfeffer, Muskat und Flüssigwürze zufügen und sorgfältig vermischen. Eingeweichtes Brötchen und Suppengemüse sowie das Knoblauch-Kräuteröl zufügen.

❸ Die Petersilie waschen, die Blätter abzupfen, trockentupfen, klein hacken und ebenfalls zufügen. Die Masse vermischen, dabei etwaige größere Tofu- oder Semmelstückchen zerdrücken und bei Bedarf noch Semmelbrösel zufügen.

❹ Ovale oder runde Burger formen. Sesam in eine Untertasse geben und jeden Burger auf einer Seite darin eintauchen.

❺ Öl in einer Pfanne erhitzen und die Bratlinge auf jeder Seite 5 Minuten ausbacken.

▶ **Pro Portion**

635/151 kJ/kcal

7 g Eiweiß

11 g Fett

6 g Kohlenhydrate

2 g Ballaststoffe

0 mg Cholesterin

Tofu-Couscous-Paella

Für 4 Portionen

500 g Couscous	
Salz	
500 g Tomaten	
2 Möhren	
2 Frühlingszwiebeln	
1 rote Paprikaschote	
1 grüne Paprikaschote	
250 g braune Champignons	
1 Knoblauchzehe	
200 g Räuchertofu	
2 EL Olivenöl »Zitrone«	
2 EL Sonnenblumenöl	
1 TL Kräutersalz	

Für die Paella können Sie alle Gemüsesorten verwenden, die gerade Saison haben. Auf den Knoblauch sollten Sie jedoch nicht verzichten: Er gibt dem Gericht das typische Aroma.

🕐 **Zubereitungszeit 45 Minuten**

❶ Den Couscous auf einem großen Teller verteilen, flach drücken und 1/2 Liter lauwarmes Salzwasser gleichmäßig darüber sprenkeln. Die Körner mit den Fingern durchmischen, um ein Zusammenkleben zu verhindern. 20 Minuten einweichen lassen.

❷ Die Tomaten mit einem Messer einritzen, mit kochendem Wasser überbrühen, häuten und halbieren. Das Fruchtfleisch in Würfel schneiden. Möhren waschen, schälen und in Stifte schneiden. Die Frühlingszwiebeln putzen und waschen. Den weißen Teil in Würfel, die grünen Röhren in Röllchen schneiden.

Paella einmal ganz anders – statt vielerlei Meeresfrüchten können Sie hier eine bunte Gemüsemischung genießen (Seite 107).

❸ Die Paprikaschoten waschen, entkernen und würfeln. Die Champignons trocken abreiben und vierteln. Knoblauch abziehen. Den Räuchertofu in 2 Zentimeter große Würfel schneiden.

❹ Zitronenöl in einer Pfanne oder im Wok erhitzen, den Tofu einige Minuten anbraten und zur Seite schieben. Das Sonnenblumenöl zufügen, die Möhren anbraten, zudecken und einige Minuten garen.

❺ Die Champignons zufügen und anbraten. Paprikawürfel und Zwiebeln zugeben und das Ganze unter Rühren 5 Minuten knackig garen. Die Knoblauchzehe über dem Gemüse durch die Presse drücken.

❻ Die Tomatenwürfel und das Kräutersalz dazugeben, verrühren und 5 Minuten dünsten. Den eingeweichten Couscous zufügen und mit dem gebratenen Gemüse vermischen.

❼ Zudecken und 10 Minuten ziehen lassen. Dabei häufiger umrühren.

▶ **Pro Portion**
2522/602 kJ/kcal • 20 g Eiweiß
14 g Fett • 97 g Kohlenhydrate
16 g Ballaststoffe • 0 mg Cholesterin

Gefüllte Tofuschnitzel in Kümmelsauce

Für 4 Portionen

Tofu oder Sojabohnen-quark hat kaum Eigengeschmack und muss deshalb lange mariniert oder mit würzigen Lebensmitteln kombiniert werden.

4 Scheiben Tofu (ca. 2 cm dick)

2 EL Sojasauce

1 TL weißer Pfeffer

250 g Sauerkraut

1 EL Knoblauchöl, 2 EL Räucheröl

Kümmelsauce:

2 EL Kümmelöl

1 EL zerstoßener Kümmel

2 EL Mehl

1 TL gekörnte Gemüsebrühe

3 EL Crème fraîche

1 EL Schwarzkümmelsamen

🕐 **Zubereitungszeit 15 Minuten**

❶ Mit einem spitzen Messer quer eine Tasche in die Tofuscheiben schneiden. Tofu mit Sojasauce beträufeln und mit Pfeffer würzen. Das Sauerkraut grob hacken und etwas ausdrücken.

❷ Knoblauchöl erhitzen und das Sauerkraut kurz anrösten. Die Tofutaschen mit dem Sauerkraut füllen.

❸ Das Räucheröl in einer Pfanne erhitzen, die gefüllten Tofuschnitzel auf jeder Seite 5 Minuten braten. Warm stellen.

❹ Für die Sauce das Kümmelöl erhitzen, den Kümmel unter Rühren anrösten, das Mehl zufügen und mit etwas Wasser ablöschen. Dabei kräftig mit einem Schneebesen rühren.

❺ Etwa 400 Milliliter Wasser und die Gemüsebrühe zufügen und 2 Minuten kochen lassen. Crème fraîche unterrühren, die Sauce über die Tofuschnitzel gießen und mit dem Schwarzkümmelsamen bestreuen.

▶ **Pro Portion**

1402/334 kJ/kcal • 13 g Eiweiß
25 g Fett • 12 g Kohlenhydrate
2 g Ballaststoffe • 17 mg Cholesterin

Tofu-Sauerbraten

Für 4 Portionen

600 g Tofu

Marinade:

1 Zwiebel

5 Nelken

1 EL Chiliöl

2 Lorbeerblätter

4 Wacholderbeeren

300 ml Gemüsebrühe

1/8 l Rotweinessig

Sauce:

1 mittelgroße Zwiebel

1 EL Soja- oder Erdnussöl

4 EL Mehl

1 EL Sojalezithin flüssig

200 g Crème fraîche

🕐 **Zubereitungszeit 30 Minuten**

❶ Den Tofu gut abtropfen lassen, in Würfel schneiden, in einen Gefrierbeutel geben und für 24 Stunden einfrieren. Den gefrorenen Tofu zum Auftauen auf einen Teller legen.

❷ Für die Marinade die Zwiebel schälen, halbieren und die Nelken in die Zwiebelhälften stecken. In einem Schmortopf das Chiliöl erhitzen, die Zwiebelhälften kurz anbraten, Lorbeerblätter und Wacholderbeeren zufügen, mit der Gemüsebrühe aufgießen und 5 Minuten bei kleiner Hitze kochen lassen.

❸ Die Tofuwürfel in die Marinade legen, den Rotweinessig zufügen, verrühren und 10 Minuten bei schwacher Hitze schmoren lassen. Den Tofu mit einer Schöpfkelle herausnehmen und die Marinade durch ein Sieb gießen.

❹ Für die Sauce die Zwiebel abziehen und würfeln. Soja- oder Erdnussöl erhitzen und die Zwiebel darin anbraten. Das Mehl darüber streuen und verrühren. Mit der abgeseihten, etwas abgekühlten Marinade löschen und kurz aufkochen lassen.

❺ Das Lezithin mit einem Schneebesen in die Sauce einrühren, bis es sich aufgelöst hat. Die Tofuwürfel zugeben und nochmals kurz erwärmen. Mit Crème fraîche verfeinern.

▶ **Pro Portion**

1586/379 kJ/kcal

14 g Eiweiß

26 g Fett

18 g Kohlenhydrate

1 g Ballaststoffe

45 mg Cholesterin

TIP

Vorgefrorener Tofu gibt vielen Gerichten den »Biss«, den man bei frischem Tofu oft vermisst. Legen Sie sich für Tofufrikassee oder -gulasch gleich einen Vorrat an.

Tofunockerln auf Rotkohl

Für 4 Portionen

1 kg Rotkohl
3 Schalotten
6 Nelken
1 großer, säuerlicher Apfel
2 EL Maiskeimöl
3 Lorbeerblätter
2 EL Rotweinessig
1/2 l Salzwasser

Tofunockerln:

1 Vollkornbrötchen
300 g Tofu
1 EL Sojalezithin flüssig
1 EL Flüssigwürze
1/2 TL Salz
1/2 TL weißer Pfeffer
1 TL Majoran

🕐 **Zubereitungszeit 65 Minuten**

❶ Vom Rotkohl die äußeren welken Blätter entfernen. Den Rotkohl vierteln und den harten Strunk herausschneiden. Die Viertel in feine Streifen schneiden. Die Schalotten abziehen, halbieren und jede Hälfte mit 2 Nelken spicken. Den Apfel waschen, achteln und das Kerngehäuse entfernen.

❷ Das Öl in einem niedrigen Topf mit großem Durchmesser erhitzen. Die Schalottenhälften mit der Schnittfläche nach unten anbraten, die Lorbeerblätter zufügen und kurz anrösten. Eine Schicht Rotkraut locker darauf geben, die Apfelspalten zufügen und das restliche Rotkraut darüber häufeln.

❸ Mit Rotweinessig und Salzwasser übergießen, zudecken und bei niedriger Temperatur 15 Minuten garen. Einige Male umrühren und den Topf rütteln, damit das Kraut nicht anbrennt.

❹ Für die Nockerln das Brötchen mit 150 Milliliter heißem Wasser übergießen. Den Tofu in einen Mixbecher geben, Lezithin, Flüssigwürze, Salz, Pfeffer und Majoran zufügen und mit einem Mixstab fein pürieren. Das eingeweichte Brötchen mit der Flüssigkeit zufügen und das Ganze zu einer cremigen Masse verrühren.

❺ Nach Ende der Garzeit die Zwiebeln aus dem Rotkraut entfernen, das Kraut durchrühren und, wenn nötig, etwas Wasser zufügen. Mit zwei angefeuchteten Teelöffeln kleine Nockerln aus der Tofumasse formen, auf das Rotkraut setzen, zudecken und 20 Minuten garen lassen.

▶ **Pro Portion**
895/214 kJ/kcal • 11 g Eiweiß
9 g Fett • 23 g Kohlenhydrate
9 g Ballaststoffe • 0 mg Cholesterin

Vielseitige Fischküche

Forellenfilets mit pikanter Pfirsichsauce

Für 2 Portionen

4 Forellenfilets à 150 g

2 EL Traubenkernöl

1 EL Zitronenessig

etwas Meersalz

2 reife, frische Pfirsiche (ersatzweise Pfirsiche aus der Dose)

2 kleine Frühlingszwiebeln

1 EL Butter

100 ml heiße Gemüsebrühe

1 kleine rote Chilischote

1 Prise Cayennepfeffer

1 EL Aceto balsamico

🕐 **Zubereitungszeit 30 Minuten**

❶ Den Backofen auf 200 °C (Umluft 180 °C, Gas Stufe 3–4) vorheizen. Eine flache Auflaufform mit 1 Esslöffel Traubenkernöl einfetten.

❷ Die Forellenfilets nebeneinander in die Form legen. Den Fisch mit Zitronenessig übergießen und mit etwas Meersalz bestreuen. Die Form mit Alufolie verschließen und in den Backofen schieben. Die Filets 7–8 Minuten garen.

❸ Die frischen Pfirsiche waschen und in kochendes Wasser geben, zwei Minuten darin ziehen lassen. Herausnehmen, häuten, halbieren und entsteinen. (Bei Pfirsichen aus der Dose erübrigt sich dieser Arbeitsgang. Sie schmecken allerdings nicht so fruchtig.)

❹ Zwei Pfirsichhälften im Mixer oder mit dem Stabmixer pürieren, die beiden anderen Hälften in dünne Scheiben schneiden. Die Frühlingszwiebeln putzen, waschen und in dünne Scheiben schneiden.

❺ Die Butter und das restliche Traubenkernöl erhitzen. Die Zwiebelringe 2 Minuten bei schwacher Hitze andünsten. Die heiße Gemüsebrühe, Chilischote, Pfirsichmus und -scheiben zugeben. Alles einmal aufkochen lassen. Die Sauce sollte eine cremige Konsistenz haben, die Pfirsichscheiben sollen nicht ganz zerfallen.

❻ Zum Schluss die Chilischote herausnehmen. Die Sauce mit Meersalz, Cayennepfeffer und dem Aceto balsamico abschmecken.

❼ Den Fisch aus der Form nehmen, auf zwei vorgewärmte Teller legen und mit der Sauce umgießen. Dazu passt körnig gekochter Basmatireis.

▶ **Pro Portion**

2382/570 kJ/kcal • 61 g Eiweiß

27 g Fett • 13 g Kohlenhydrate

3 g Ballaststoffe • 192 mg Cholesterin

Beträufeln Sie frischen Fisch kurz vor der Zubereitung mit Essig. Durch die Säure gerinnt ein Teil des Fischeiweißes, der Fisch wird fester und bleibt saftig.

Kabeljau in Senfsauce

Für 2 Portionen

300 g Kabeljaufilet

1 EL Zitronenessig

1/2 Tasse Gemüsebrühe

1 Lorbeerblatt

1 Zweig frischer Dill

1 EL körniger Senf

2 EL Crème fraîche

1 TL Weißweinessig

🕐 **Zubereitungszeit 25 Minuten**

❶ Kabeljaufilet mit Zitronenessig beträufeln, 2–3 Minuten einziehen lassen. Gemüsebrühe in einem Topf erhitzen. Fisch in 3 x 3 Zentimeter große Würfel schneiden. Mit dem Lorbeerblatt in die Brühe geben und 10 Minuten ziehen lassen.

❷ Den Dill waschen, trockenschütteln und etwas kleiner zupfen. Den Fisch aus der Brühe nehmen und warm stellen. Senf und Crème fraîche in den Fischsud rühren, etwas einkochen lassen. Mit Weißweinessig abschmecken.

❸ Den Fisch auf zwei vorgewärmten Tellern anrichten, die Sauce darüber geben und mit Dill bestreuen.

Mit einem Esslöffel Senfpulver statt körnigem Senf bekommt die Sauce eine schönere Farbe und einen intensiveren Geschmack.

▶ **Pro Portion**

889/213 kJ/kcal • 28 g Eiweiß

9 g Fett • 1 g Kohlenhydrate

1 g Ballaststoffe • 93 mg Cholesterin

Seelachs auf Gemüse

Für 2 Portionen

300 g Seelachsfilet

2 TL Zitronenessig

200 g Kartoffeln

200 g Möhren

200 g Frühlingszwiebeln

1 EL Erdnuss- oder Olivenöl

2 TL Sesamsamen

2 EL gehackte, gemischte Kräuter

Meersalz, frisch gemahlener Pfeffer

1 TL Sesamöl

🕐 **Zubereitungszeit 25 Minuten**

❶ Den Fisch mit Zitronenessig beträufeln. Kartoffeln und Möhren waschen und schälen. Die Frühlingszwiebeln waschen. Das Gemüse in etwa 3 Zentimeter große Stücke schneiden.

❷ Öl erhitzen, das Gemüse kurz andünsten, 3 Esslöffel Wasser und den Sesam zufügen. Bei mittlerer Hitze 5 Minuten weitergaren.

❸ Das Fischfilet auf das Gemüse setzen, die Kräuter darüber streuen. Bei geschlossenem Deckel 5–7 Minuten dämpfen. Mit Meersalz und Pfeffer würzen und das Sesamöl darüber träufeln.

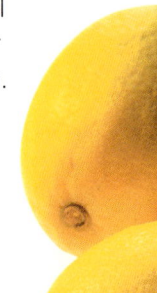

Gegrillter Heilbutt mit Petersilienkartoffeln

Für 2 Portionen

6-8 kleine Kartoffeln

2 Scheiben Heilbutt à 200 g

1 EL Apfel- oder Zitronenessig

1 EL Olivenöl

Kräutersalz

frisch gemahlener Pfeffer

4 kleine Tomaten

1 Bund Petersilie

50 g Kräuterbutter

🕐 **Zubereitungszeit 25 Minuten**

❶ Die Kartoffeln waschen, mit der Schale in wenig Wasser weich kochen. Den Heilbutt auf beiden Seiten mit Essig und Öl einreiben, mit Kräutersalz und Pfeffer würzen.

❷ Die Tomaten mit kochendem Wasser überbrühen, häuten, das Fruchtfleisch halbieren. Petersilie waschen, trocknen und fein hacken.

❸ Den Fisch in einer erhitzten Grillpfanne auf beiden Seiten je 4 Minuten grillen, bis sich die Mittelgräte leicht herausziehen lässt. Die letzten 2 Garminuten die Tomaten mitgrillen.

❹ Die Kräuterbutter in einer Extrapfanne erwärmen. Fisch und Tomatenhälften auf zwei vorgewärmten Tellern anrichten. Die Kartoffeln in der Schale neben den Fisch legen. Beides mit Petersilie bestreuen und die Kräuterbutter darüber gießen. Tomaten mit Kräutersalz würzen.

TIP

Kräuterbutter selbst gemacht: 250 Gramm weiche Butter mit Salz, Pfeffer etwas abgeriebener Zitronenschale und einem Päckchen gemischten, tiefgefrorenen Kräutern verrühren.

Seezungenfilet in Estragonsauce

Die Seezunge besitzt ein sehr angenehmes, festes, weißes Fleisch und gehört daher zu den begehrten und teuren Seefischen. Kleinere Fische werden im Ganzen, größere als Filets zubereitet.

Für 2 Portionen

4 Seezungenfilets
1 EL Estragonessig
Meersalz
frisch gemahlener Pfeffer
1 TL Mehl
1 Schalotte
3 frische Zweige Estragon oder 1 TL getrockneter Estragon
2 EL Rapsöl
1/8 l Weißwein
2 EL Crème fraîche
1 TL Zitronenessig

🕐 **Zubereitungszeit 20 Minuten**

❶ Die Seezungenfilets waschen, trocknen, mit dem Estragonessig beträufeln und ein paar Minuten ziehen lassen. Den Fisch trockentupfen, mit Salz und frisch gemahlenem Pfeffer würzen und leicht mit Mehl bestäuben.

❷ Die Schalotte abziehen und in sehr kleine Würfel schneiden. Estragon waschen, trocknen und klein hacken.

❸ 1 Esslöffel Rapsöl in einem Topf erhitzen. Schalotte darin weich dünsten. Den Wein zugießen und bei schwacher Hitze 10 Minuten etwas einkochen lassen. Alles durch ein feines Sieb streichen.

Dieses Fischgericht ist einfach und schnell zubereitet – und überzeugt so manchen Fischskeptiker (Seite 117).

❹ Restliches Öl in einer Pfanne erhitzen. Seezungenfilets auf jeder Seite 1 Minute goldgelb braten, herausnehmen, auf zwei heiße Teller legen und mit Alufolie abdecken.

❺ Den Fond mit dem passierten Weißwein ablöschen, einmal aufkochen lassen. Crème fraîche unterrühren. Estragon in die Sauce rühren. Nicht mehr kochen lassen. Mit Zitronenessig, Meersalz und Pfeffer abschmecken. Alufolie vom Teller nehmen, die Sauce über die Seezungenfilets gießen und gleich anrichten.
Dazu passen alle Reissorten sowie Kartoffeln.

▶ **Pro Portion**
1492/356 kJ/kcal • 26 g Eiweiß
19 g Fett • 4 g Kohlenhydrate
1 g Ballaststoffe • 92 mg Cholesterin

TIP

Als Beilagen passen zu Fisch nicht nur Salzkartoffeln. Versuchen Sie es einmal mit gedünsteten Tomaten oder Paprikaschoten, kurz gegartem Blattspinat oder Möhren mit Petersilie. Wer es gerne süß mag, kann sich eine Banane anbraten und mit Curry würzen.

Italienische Fischschnitzel

Zu den überbackenen Fischschnitzeln können Sie Reis, Kartoffeln oder italienisches Weißbrot und einen grünen Salat essen.

Für 2 Portionen

2 Scheiben Goldbarschfilet à 200 g (frisch oder tiefgekühlt)
1 EL Zitronenessig
Kräutersalz
frisch gemahlener Pfeffer
1 EL Mehl
1 Zwiebel
50 g Champignons
2 Fleischtomaten
2 Stängel Petersilie
1 EL gefüllte grüne Oliven
1 Knoblauchzehe
2 EL Olivenöl
2 EL frisch geriebener Parmesankäse
1 TL Sesamöl

🕐 **Zubereitungszeit 30 Minuten**

❶ Tiefgekühltes Fischfilet auftauen lassen. Den Fisch mit Essig beträufeln, ein paar Minuten ziehen lassen, trockentupfen, salzen, pfeffern und ganz leicht mit Mehl bestäuben.

❷ Zwiebel abziehen und fein hacken. Champignons putzen und in dünne Scheibchen schneiden. Die Tomaten mit kochendem Wasser überbrühen, häuten und das Fruchtfleisch in kleine Würfel schneiden. Die Petersilie waschen, trocknen, klein hacken. Oliven in dünne Streifen schneiden. Knoblauchzehe abziehen und durch eine Presse drücken. Alles miteinander mischen. Mit Kräutersalz und frisch gemahlenem Pfeffer würzen.

❸ Den Backofen auf 200 °C (Umluft 180 °C, Gas Stufe 3–4) vorheizen.

❹ Das Olivenöl in einer Pfanne erhitzen. Den Fisch auf beiden Seiten hell anbraten, herausnehmen, in eine feuerfeste Form legen.

❺ Das Gemüse auf dem Fisch verteilen. Den frisch geriebenen Parmesan darüber streuen. Mit Sesamöl beträufeln und im Backofen 10 Minuten überbacken.

▶ **Pro Portion**
1754/418 kJ/kcal • 41 g Eiweiß
22 g Fett • 8 g Kohlenhydrate
3 g Ballaststoffe • 164 mg Cholesterin

Griechische Ofenmakrelen

Für 2 Portionen

2 kleine oder 1 große Makrele (400–500 g)
2 EL Knoblauchessig
1/2 unbehandelte Zitrone
Meersalz
1 Stängel Fenchelgrün oder glatte Petersilie
1 Knoblauchzehe
2 EL Olivenöl
1 große Zwiebel
2 mittelgroße Fleischtomaten
2 EL Aceto balsamico

🕐 **Zubereitungszeit 45 Minuten**

❶ Makrelen waschen, trocknen und mit Essig beträufeln. Ein paar Minuten einziehen lassen, trockentupfen. Die Zitrone in dünne Scheiben schneiden, diese halbieren. Den Fisch innen und außen salzen.

❷ Knoblauchzehe abziehen, durch eine Presse drücken und den Fisch damit innen und außen einreiben.

❸ Makrele außen mit 3 Schnitten quer einschneiden, damit sie gut durchgart. Fenchel oder Petersilie waschen und in die Bauchhöhle legen. In die Einkerbungen halbe Zitronenschnitze stecken.

❹ Eine feuerfeste Form mit wenig Olivenöl auspinseln. Den Fisch hineingeben, das restliche Öl über den Fisch gießen. Den Backofen auf 200 °C (Umluft 180 °C, Gas Stufe 3–4) vorheizen.

❺ Die Zwiebel abziehen, in Ringe schneiden. Tomaten mit kochendem Wasser überbrühen, häuten, Fruchtfleisch in Viertel schneiden. Zwiebelringe und Tomatenwürfel um den Fisch verteilen. Leicht salzen, mit Aceto balsamico beträufeln. Im vorgeheizten Backofen je nach Größe der Fische 20–30 Minuten backen.

▶ **Pro Portion**
2349/560 kJ/kcal • 44 g Eiweiß
37 g Fett • 5 g Kohlenhydrate
3 g Ballaststoffe • 155 mg Cholesterin

TIP
Besonders schonend – und im eigenen Saft – können Sie ganze, auch gefüllte Fische in Alufolie garen.

Ungarisches Fischragout

Für 2 Portionen

1 Tasse Naturreis

1 EL gekörnte Gemüsebrühe

500 g Goldbarschfilet

2 EL Zitronen- oder Weißweinessig

2 mittelgroße Zwiebeln

1 grüne und 1 rote Paprikaschote

2 Zweige Petersilie

1 EL Sesamöl

Meersalz

frisch gemahlener Pfeffer

1/8 l Weißwein

4 EL Crème fraîche

1 TL Tomatenmark

1 TL edelsüßes Paprikapulver

1 TL Knoblauchessig

🕐 **Zubereitungszeit 40 Minuten**

❶ Den Naturreis in ein großes Sieb geben, mit kaltem Wasser überbrausen und etwas abtropfen lassen. 2 Tassen Wasser mit der gekörnten Gemüsebrühe aufkochen. Den Reis hineingeben, die Hitze reduzieren. Reis bei schwacher Hitze in etwa 35 Minuten körnig kochen, bis das Wasser ganz verdampft ist.

❷ Das Fischfilet in 3 x 3 Zentimeter große Würfel schneiden und mit dem Essig beträufeln. 2–3 Minuten einziehen lassen und mit Küchenpapier trockentupfen.

❸ Die Zwiebeln abziehen und quer in 1 Zentimeter breite Ringe schneiden. Paprikaschoten waschen, entkernen und in dünne Streifen schneiden. Petersilie waschen, trockenschütteln und fein hacken.

❹ Das Sesamöl in einem Topf schwach erhitzen, Zwiebelringe und Paprikastreifen darin andünsten. Die Fischwürfel darauf legen. Alles mit Meersalz und frisch gemahlenem Pfeffer würzen. Den Weißwein dazugießen, kurz aufkochen lassen und alles bei schwacher Hitze 10 Minuten im geschlossenen Topf weiterdünsten. Die Fischwürfel herausnehmen und warm stellen.

❺ Crème fraîche und Tomatenmark unter die Sauce rühren. Mit Meersalz, frisch gemahlenem Pfeffer, Paprikapulver und Knoblauchessig würzen und abschmecken. Den Fisch noch einmal kurz in die Sauce geben. Nicht mehr kochen lassen. Reis und Fisch auf 2 vorgewärmten Tellern anrichten und mit der gehackten Petersilie bestreuen. Dazu schmeckt ein grüner Blattsalat oder ein Gurkensalat.

▶ **Pro Portion**

2862/682 kJ/kcal • 53 g Eiweiß

32 g Fett • 27 g Kohlenhydrate

5 g Ballaststoffe • 245 mg Cholesterin

TIP

Die Hände befreit man von starkem Fischgeruch, indem man sie mit Zitronenessig oder Zitronensaft kurze Zeit einreibt.

Paprikaschoten und Goldbarsch liefern viele Vitamine und Jod und machen das ungarische Fischragout zu einem gesunden Genuss (Seite 121).

Frittierte Tintenfischringe

Die optimale Frittier-temperatur beträgt 190 °C (Fritteuse). Beim Frittieren im Topf ist die richtige Temperatur erreicht, wenn an einem Holzkochlöffel, den man ins Fett hält, kräftig Blasen aufsteigen.

Für 2 Portionen

1 Paket tiefgekühlte Tintenfischringe (400 g)

Teig:

100 g Mehl

2 Eier

Meersalz

frisch gemahlener Pfeffer

0,75 l Rapsöl zum Frittieren

Sauce:

1 Knoblauchzehe

1 TL Aceto balsamico oder Kräuteressig

2 EL Tomatenketchup

2 EL Sojasauce

1 TL Zucker

🕐 **Zubereitungszeit 35 Minuten**

❶ Tintenfischringe möglichst schon am Vortag aus der Packung nehmen und in eine Schüssel geben. Über Nacht im Kühlschrank auftauen lassen.

❷ Für den Ausbackteig Mehl mit Eiern, einer Prise Salz und 5–6 Esslöffeln Wasser zu einer glatten Masse verrühren. Tintenfischringe mit Küchenpapier abtrocknen, salzen, pfeffern und einzeln durch den Teig ziehen.

Jeder Ring sollte mit einem dünnen Teigfilm überzogen seiin.

❸ Das Öl in einem Topf erhitzen. Die Tintenfischringe portionsweise schwimmend etwa 3 Minuten darin ausbacken. Die fertigen Ringe auf eine mit Küchenpapier ausgelegte Platte legen und im Backofen bei 50 °C warm stellen.

❹ Für die Sauce die Knoblauchzehe abziehen und durch eine Presse drücken. Essig, Ketchup, Sojasauce, Zucker und Knoblauch verrühren. Mit frisch gemahlenem Pfeffer abschmecken.

❺ Die Tintenfischringe zum Essen in die Sauce tauchen.

▶ **Pro Portion**

3092/738 kJ/kcal • 46 g Eiweiß

38 g Fett • 45 g Kohlenhydrate

2 g Ballaststoffe • 398 mg Cholesterin

Scholle im Tomatenbett

Für 2 Portionen

250 g Schollenfilet
(frisch oder tiefgekühlt)

2 EL Zitronen- oder
Apfelessig

Meersalz

350 g Fleischtomaten

2 EL Sesamöl, 2 TL Kräuteressig

1 TL Worcestersauce

1 TL getrockneter Oregano

frisch gemahlener Pfeffer

2 EL frisch geriebener
Parmesankäse

 **Zubereitungszeit 30 Minuten**

❶ Schollenfilet eventuell auftauen lassen, sonst waschen, trocknen, mit Zitronen- oder Apfelessig beträufeln, etwas einziehen lassen, trockentupfen, leicht salzen.

❷ Die Tomaten mit kochendem Wasser überbrühen, häuten, Fruchtfleisch in Scheiben schneiden. Eine Auflaufform mit etwas Sesamöl auspinseln.

❸ Dachziegelartig, abwechselnd eine Reihe Fischfilet, eine Reihe Tomatenscheiben, in die Form geben. Die Mischung mit Kräuteressig, Worcestersauce, Oregano, Pfeffer und Meersalz würzen. Zum Schluss das übrige Öl darüber geben. Den Auflauf in den kalten Backofen (mittlere Schiene) schieben und bei 200 °C (Umluft 180 °C, Gas Stufe 3–4) etwa 20 Minuten backen. 5 Minuten vor Ende der Backzeit den Käse darüber streuen.

TIP

Dünne Fischfilets werden beim Garen schnell trocken, sie sollten deshalb nicht zu lange oder aber gemeinsam mit saftigen Zutaten, wie hier mit den Tomaten, zubereitet werden.

▶ **Pro Portion**

1069/255 kJ/kcal
25 g Eiweiß
13 g Fett
6 g Kohlenhydrate
3 g Ballaststoffe
82 mg Cholesterin

Riesengarnelen extra scharf

Für 2 Portionen

300 g Riesengarnelen ohne Schale (frisch oder tiefgefroren)
1 TL Aceto balsamico
1 Stück Ingwerwurzel (ca. 1 cm)
1 Knoblauchzehe
2 rote Chilischoten
20 g Butter
1 EL Olivenöl
2 EL Tomatenmark
2 EL Tomatenketchup
2 EL würzige Sojasauce
1 TL gekörnte Gemüsebrühe
1 Prise Cayennepfeffer

🕐 **Zubereitungszeit 20 Minuten**

❶ Garnelen mit einem scharfen Messer an der gewölbten Außenseite einritzen und den schwarzen Darm (soweit vorhanden) entfernen. Mit Aceto balsamico beträufeln, ein paar Minuten durchziehen lassen.

❷ Den Ingwer schälen, in kleine Würfel schneiden. Die Knoblauchzehe abziehen, durch eine Presse drücken. Chilischoten waschen und in feine Streifen schneiden.

❸ Butter und Olivenöl in einer Pfanne erhitzen, Ingwer, Knoblauch und Chilischoten andünsten. Nach 2 Minuten die Garnelen zufügen, etwa 3 Minuten bei mittlerer Hitze braten. Dabei öfter wenden.

❹ Tomatenmark, Ketchup, Sojasauce, 50 Milliliter Wasser und die gekörnte Gemüsebrühe in einer Tasse miteinander verrühren und dazugeben. Etwa 2 Minuten weiterkochen, bis die Flüssigkeit fast verdampft ist.

❺ Mit Cayennepfeffer scharf abschmecken und sofort servieren.

▶ **Pro Portion**
1410/337 kJ/kcal • 32 g Eiweiß
16 g Fett • 11 g Kohlenhydrate
1 g Ballaststoffe • 231 mg Cholesterin

TIP

Beim Kauf frischer Garnelen sollte man darauf achten, dass die Körper fest sind und nur leicht nach Fisch riechen. Tiefgefrorene Garnelen dürfen nicht von Eiskristallen überzogen oder ausgetrocknet sein. Da ihr Aroma davon abhängt, wie und wann sie aufgetaut werden, sollte man keine bereits angetauten Garnelen nehmen.

Riesengarnelen sind eine echte Delikatesse. Am besten schmeckt's mit knusprigem Baguette (Seite 125).

Krebstiere

Alle Krebstiere wie Nordseekrabben, Tiefsee- oder Nordmeergarnelen und Riesengarnelen, die fälschlicherweise auch als Scampi angeboten werden, enthalten in ihrem Panzer einen roten Farbstoff, der erst nach dem Garen sichtbar wird. Rohe, ungegarte Krebstiere sind in der Regel grau. Kaisergranate sind eng mit dem Hummer verwandt und werden in Italien Scampi, in Frankreich Langoustines genannt.

Schnelle
Fleischgerichte

Kalbsschnitzel mit Olivenfüllung

Für 2 Portionen

2 große Kalbsschnitzel

1 EL Weißweinessig

2 TL Olivenöl

2 TL körniger Senf
aus dem Naturkostladen

3 Stängel Petersilie

70 g eingelegte schwarze Oliven

30 g Parmesan

1 TL Mehl

200 g Lauchzwiebeln

250 g Cocktailtomaten

1 EL Rapsöl

Meersalz

frisch gemahlener Pfeffer

1/8 l Gemüsebrühe

1 TL Zitronen- oder Apfelessig

1 Prise Zucker

🕐 **Zubereitungszeit 20 Minuten**

❶ Die Kalbsschnitzel mit Weißweinessig beträufeln, 2–3 Minuten ziehen lassen und mit Küchenpapier trockentupfen. Mit Olivenöl und körnigem Senf einreiben.

❷ Die Petersilie waschen, trockenschütteln und fein hacken. Die Oliven in einem Sieb abtropfen lassen, halbieren und die Kerne entfernen, das Fruchtfleisch klein schneiden. Den Parmesan reiben und mit Petersilie und Oliven vermischen.

❸ Die Mischung jeweils auf eine Hälfte der Kalbsschnitzel geben. Die andere Hälfte darüberklappen, mit Holzspießen feststecken und die Schnitzel mit Mehl bestäuben.

❹ Lauchzwiebeln putzen, waschen, trocknen, in kleine Würfel schneiden. Die Tomaten waschen und halbieren.

❺ Das Rapsöl erhitzen. Die Schnitzel bei großer Hitze auf beiden Seiten anbraten. Hitze reduzieren und jede Seite weitere 4 Minuten garen. Zum Schluss das Fleisch mit Salz und Pfeffer würzen, herausnehmen und warm stellen.

❻ Zwiebelwürfel und Tomatenhälften im Bratfett kurz anbraten. Die Gemüsebrühe und den Essig zugießen. Bei mittlerer Hitze 3–4 Minuten etwas einkochen lassen. Mit Meersalz, Pfeffer und Zucker abschmecken.

❼ Die Kalbsschnitzel mit der Sauce auf 2 vorgewärmten Tellern anrichten.
Dazu schmecken Bandnudeln, Spaghetti oder frisches Stangenweißbrot.

▶ **Pro Portion**
1709/407 kJ/kcal • 42 g Eiweiß
20 g Fett • 11 g Kohlenhydrate
6 g Ballaststoffe • 115 mg Cholesterin

Schwarze Oliven sind übrigens keine eigene Sorte, sondern es handelt sich dabei lediglich um ausgereifte grüne Oliven.

Kalbsleber Venezia

Leber enthält viel Eiweiß, fettlösliche Vitamine, Mineralstoffe und Spurenelemente, aber auch Schwermetalle. Das Bundesgesundheitsamt rät, Innereien nur alle zwei bis drei Wochen zu verzehren.

Für 2 Portionen

200 g Zwiebeln

2 Salbeiblätter

3–4 Stängel Petersilie

2 Scheiben Kalbsleber

2 EL Salbei- oder Apfelessig

2 TL Mehl

2 EL Erdnussöl

1 EL Butter

1/8 l heiße Gemüsebrühe

1 TL Aceto balsamico

Meersalz

frisch gemahlener Pfeffer

🕐 **Zubereitungszeit 25 Minuten**

❶ Zwiebeln abziehen und in dünne Ringe schneiden. Salbei und Petersilie waschen, trocknen, fein hacken. Leber mit Essig beträufeln, zwei Minuten oder auch länger ziehen lassen, mit Küchenpapier oder einem Küchentuch trockentupfen. In 2 Zentimeter breite Streifen schneiden und mit Mehl leicht bestäuben.

❷ Erdnussöl und Butter erhitzen. Leberstreifen unter häufigerem Wenden bei mittlerer Hitze braten, herausnehmen und warm stellen.

❸ Die Zwiebelringe im Bratfett glasig dünsten. Kräuter zugeben. Alles 2 Minuten weiterdünsten. Die Gemüsebrühe und den Essig zugießen. Bei mittlerer Hitze die Flüssigkeit etwas einkochen lassen. Zum Schluss die Leberstreifen zugeben, mit Meersalz und frisch gemahlenem Pfeffer abschmecken. Dazu passen je nach Geschmack Kartoffeln, Nudeln, Baguette oder gebratene Polentascheiben.

▶ **Pro Portion**

1555/372 kJ/kcal • 31 g Eiweiß
21 g Fett • 10 g Kohlenhydrate
4 g Ballaststoffe • 552 mg Cholesterin

Kalbsschnitzel à la Romana

Für 2 Portionen

4 kleine, dünne Kalbsschnitzel

1 EL Zitronenessig

Meersalz

2 Scheiben magerer roher Schinken

4 frische Salbeiblätter

2 EL Raps- oder Olivenöl

1/8 l Weißwein

1 TL Aceto balsamico

1 EL Butter

🕐 **Zubereitungszeit 15 Minuten**

❶ Die Kalbsschnitzel von Fett und Sehnen befreien, leicht klopfen und rundherum einkerben. Mit Zitronenessig beträufeln, 2–3 Minuten ziehen lassen, trockentupfen und leicht salzen.

❷ Die Schinkenscheiben halbieren und das Fett abschneiden. Je eine Schinkenhälfte auf die Schnitzel geben. 1 Salbeiblatt darauf legen, mit einem Holzstäbchen feststecken.

❸ Raps- oder Olivenöl erhitzen. Die Schnitzel bei mittlerer Hitze auf jeder Seite etwa 4 Minuten braten, herausnehmen, warm stellen. Den Bratenfond mit 2 Esslöffeln heißem Wasser loskochen, Wein und Essig dazugeben. 2 Minuten bei mittlerer Hitze etwas einkochen lassen, dann die kalte Butter unterrühren.

❹ Die Schnitzel auf 2 vorgewärmten Tellern anrichten. Die Sauce darüber gießen.
Dazu passen Röstkartoffeln.

▶ **Pro Portion**
1752/418 kJ/kcal • 45 g Eiweiß
19 g Fett • 0 g Kohlenhydrate
0 g Ballaststoffe • 152 mg Cholesterin

Filetsteaks in Pistazienrahmsauce

Für 2 Portionen

2 Filetsteaks vom Rind à 200 g	
1 EL Weißweinessig	
2 EL Olivenöl	
Salz, frisch gemahlener Pfeffer	
30 g Pistazien	
1 EL Cognac	
4 EL Crème fraîche	
1 TL Aceto balsamico	

🕐 **Zubereitungszeit 15 Minuten**

❶ Die Filetsteaks mit Weißweinessig beträufeln. Ein paar Minuten ziehen lassen, trockentupfen und mit etwas Olivenöl einreiben. Pistazien fein hacken.

❷ Das restliche Olivenöl erhitzen. Steaks auf beiden Seiten bei starker Hitze anbraten. 2 Minuten weiterbraten, salzen, pfeffern, herausnehmen und warm stellen.

❸ Den Bratensatz mit 2 Esslöffeln Wasser loskochen. Die Pistazien zusammen mit dem Cognac zu dem Bratenfond geben. Kurz erhitzen. Crème fraîche unterrühren. Mit Essig, Salz und Pfeffer abschmecken.

▶ **Pro Portion**
3118/744 kJ/kcal • 44 g Eiweiß
55 g Fett • 4 g Kohlenhydrate
1 g Ballaststoffe • 165 mg Cholesterin

 TIP

Reichen Sie zu den Filetsteaks hausgemachte Spätzle oder einfach Weißbrot, wenn es schnell gehen muss.

Spanische Ofenkoteletts

Die spanischen Ofenkoteletts sind ein Gericht, das sich gut vorbereiten lässt, wenn Gäste kommen. Es schadet auch nicht, wenn es ein paar Minuten länger im Backofen bleibt. Dazu passen am besten Röstkartoffeln, Reis oder Stangenweißbrot.

Für 4 Portionen

4 Schweinekoteletts
2 EL Zitronen- oder Weißweinessig
2 EL Erdnussöl
Meersalz
frisch gemahlener Pfeffer
1 TL getrocknetes Basilikum
300 g Zwiebeln
3 mittelgroße, säuerliche Äpfel
1/2 unbehandelte Zitrone
3 EL Weißwein
1 TL Apfelessig

🕐 **Zubereitungszeit 70 Minuten**

❶ Das Fett von den Koteletts abschneiden. Die Außenkanten etwas einkerben, damit sich das Fleisch beim Braten nicht wölbt. Koteletts mit Zitronenessig beträufeln, ein paar Minuten ziehen lassen und trockentupfen.

❷ Eine flache Auflaufform mit Erdnussöl auspinseln. Die Koteletts mit Salz, Pfeffer und Basilikum würzen und nebeneinander in die Form geben. Mit dem restlichen Öl begießen.

❸ Die Zwiebeln abziehen und in Ringe schneiden. Die Äpfel waschen, entkernen, mit der Schale in Achtel schneiden. Die Zitrone in Scheiben schneiden.

❹ Zwiebelringe, Apfelschnitze und Zitronenscheiben auf das Fleisch in die Auflaufform geben. Wein und Essig seitlich dazugießen. Mit Alufolie bedecken. Den Auflauf in den kalten Backofen schieben (mittlere Schiene) und bei 200 °C (Umluft 180 °C, Gas Stufe 3–4) backen. Nach etwa 60 Minuten ist das Fleisch gar. Die letzten 10 Minuten die Alufolie von der Form nehmen.

▶ **Pro Portion**
1410/337 kJ/kcal
26 g Eiweiß • 16 g Fett
15 g Kohlenhydrate • 4 g Ballaststoffe
84 mg Cholesterin

Diese Ofenkoteletts muss man einfach probiert haben. Eine gelungene Mischung aus säuerlichen Äpfeln und herzhaften Koteletts – so wie es die Spanier mögen (Seite 131).

Schweinefilet mit Senfmütze

TIP

Außer Schweinefilet können Sie auch Puten- oder Hähnchenbrust verwenden.

Für 2 Portionen

- 350–400 g Schweinefilet
- 1 EL Weißweinessig
- 1 EL Erdnussöl
- 1 Eiweiß
- Meersalz
- 1 TL körniger Senf
- frisch gemahlener Pfeffer
- 1 TL Apfelessig

Zubereitungszeit 20 Minuten

1. Schweinefilet mit Essig rundherum beträufeln, ein paar Minuten ziehen lassen und mit Küchenpapier trockentupfen.

2. Das Erdnussöl erhitzen. Das Fleisch bei starker Hitze anbraten, herausnehmen, in 2 Zentimeter dicke Scheiben schneiden und auf ein Stück Alufolie oder in eine Auflaufform legen.

3. Den Backofen auf 225 °C (Umluft 200 °C, Gas Stufe 4–5) vorheizen. Das Eiweiß mit einer Prise Salz sehr steif schlagen, den körnigen Senf, Pfeffer und den Essig unterrühren.

4. Die Eiweißmasse gleichmäßig auf den Filetscheiben verteilen. Im heißen Backofen 5 Minuten goldbraun überbacken und sofort servieren.

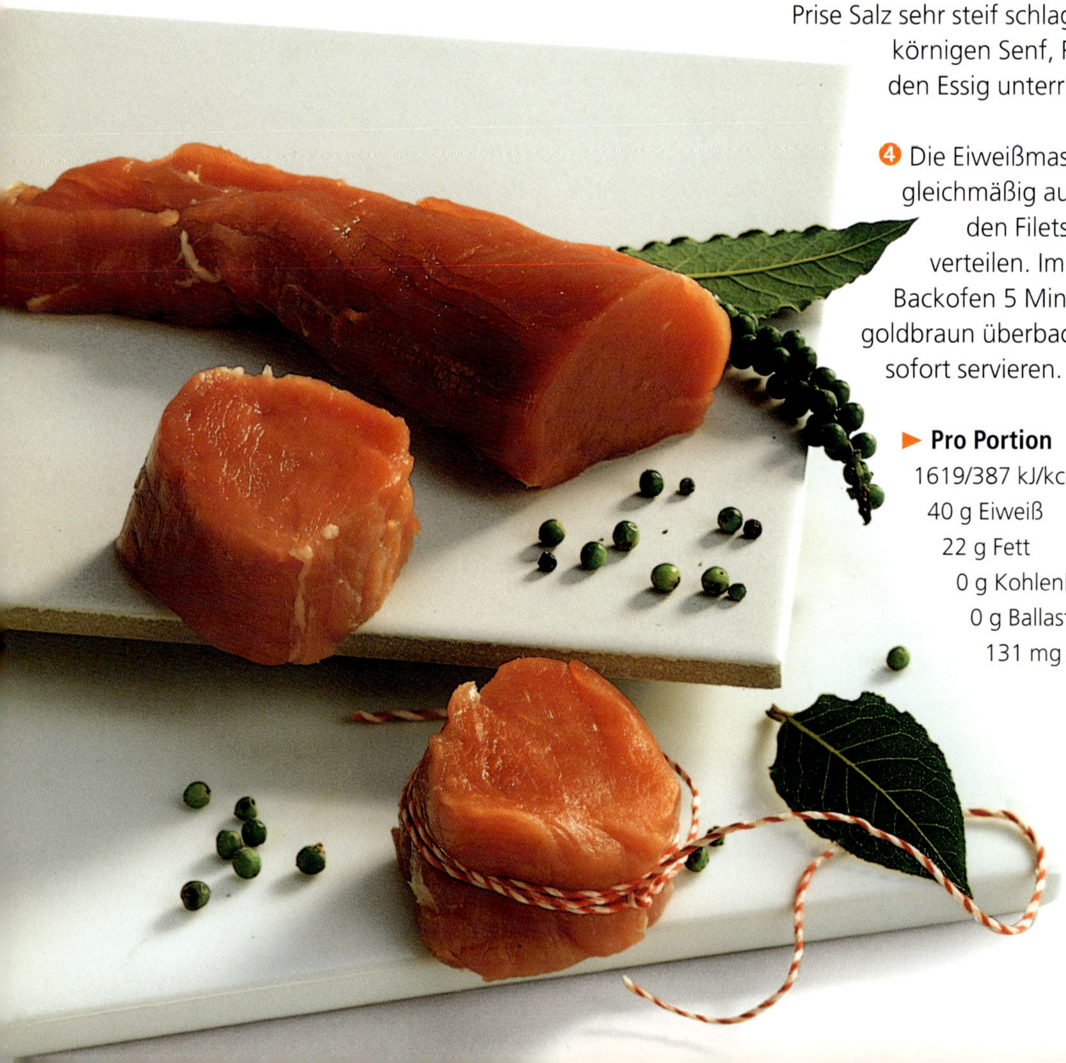

Pro Portion

1619/387 kJ/kcal
40 g Eiweiß
22 g Fett
0 g Kohlenhydrate
0 g Ballaststoffe
131 mg Cholesterin

Schweinefilet mit Champignons

Für 2 Portionen

150 g grüne Bandnudeln

Meersalz

350 g Schweinefilet

2 EL Wein- oder Apfelessig

2 EL Erdnussöl

1 Schalotte

250 g Champignons

2 EL Zitronenessig

frisch gemahlener Pfeffer

2–3 EL Crème fraîche

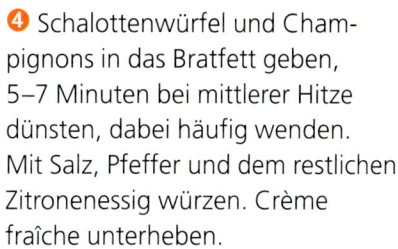

🕐 **Zubereitungszeit 20 Minuten**

❶ Die Bandnudeln in viel Salzwasser bissfest kochen. Das Schweinefilet in 2 Zentimeter dicke Scheiben schneiden, mit Essig beträufeln, 2–3 Minuten ziehen lassen, trockentupfen und mit etwas Erdnussöl einpinseln.

❷ Die Schalotte abziehen und fein würfeln. Die Champignons putzen (siehe Tip), in Scheiben schneiden und mit 1 Esslöffel Zitronenessig beträufeln.

❸ Das restliche Erdnussöl erhitzen. Schweinefilet bei starker Hitze von beiden Seiten 2–3 Minuten anbraten, salzen, pfeffern und aus der Pfanne nehmen. Mit Alufolie abdecken und warm stellen.

❹ Schalottenwürfel und Champignons in das Bratfett geben, 5–7 Minuten bei mittlerer Hitze dünsten, dabei häufig wenden. Mit Salz, Pfeffer und dem restlichen Zitronenessig würzen. Crème fraîche unterheben.

❺ Das Filet und den ausgetretenen Fleischsaft nochmals kurz in der Champignonsauce erhitzen.

❻ Bandnudeln in ein Sieb gießen, gut abtropfen lassen und zusammen mit dem Filet auf 2 vorgewärmten Tellern servieren.

▶ **Pro Portion**

3242/774 kJ/kcal • 50 g Eiweiß
35 g Fett • 55 g Kohlenhydrate
6 g Ballaststoffe • 215 mg Cholesterin

TIP

Champignons sollten Sie nicht unter fließendem Wasser putzen, dabei nehmen sie zu viel Flüssigkeit auf und werden wässrig. Frische Pilze putzt man am besten, indem man die äußere Haut der Pilzhüte mit einem kleinen Küchenmesser abzieht.

Geschnetzeltes in Currysahne

TIP

Geschnetzeltes Fleisch sollten Sie nur wenige Minuten anbraten und dann aus der Pfanne nehmen. Sonst wird es trocken und verliert erheblich an Geschmack.

Für 4 Portionen

400–500 g Schweine- oder Kalbsschnitzel
2 EL Zitronenessig
2 Zwiebeln
2 EL Rosinen
150 ml Weißwein
1 EL Weißweinessig
2 EL Erdnussöl, 1 TL Mehl
Meersalz, 1 EL Currypulver
1/8 l süße Sahne
1/2 Apfel

Zubereitungszeit 20 Minuten

❶ Die Schnitzel mit einem scharfen Messer in 1 Zentimeter dicke Streifen schneiden, mit Zitronenessig beträufeln, ein paar Minuten ziehen lassen und mit Küchenpapier trockentupfen.

❷ Die Zwiebeln abziehen und in kleine Würfel schneiden. Rosinen in 2 Esslöffeln Weißwein und Weinessig quellen lassen.

❸ Das Erdnussöl in einer Pfanne erhitzen. Fleisch leicht mit Mehl bestäuben und unter ständigem Rühren bei mittlerer Hitze 2–3 Minuten anbraten. Die Oberfläche sollte jedoch nicht braun werden. Das Fleisch herausnehmen und warm stellen.

Weißwein, Curry und Sahne sind das Geheimnis dieser feinen Sauce – da bleiben sicher keine Reste (Seite 135).

❹ Zwiebelwürfel im Bratfett glasig dünsten. Restlichen Weißwein, 1/8 Liter heißes Wasser, Salz, Curry und Fleisch zugeben, dann die Sahne unterrühren. Den Apfel waschen, schälen und kurz vor dem Servieren ganz fein in die Sauce reiben.

▶ **Pro Portion**
1460/349 kJ/kcal • 26 g Eiweiß
17 g Fett • 11 g Kohlenhydrate
2 g Ballaststoffe • 107 mg Cholesterin

Currypulver

Currypulver ist die bekannteste Gewürzmischung aus dem ostasiatischen Raum mit sehr scharfem Geschmack. Sie besteht aus mindestens sechs und maximal 66 verschiedenen Zutaten. Die wichtigsten Bestandteile sind das gelbe Kurkuma, Curryblatt, Ingwer, Koriander, Kardamom, Paprikapulver, Macis, Nelken, Pfeffer und Zimt. Je nach Geschmacksrichtung und Schärfe werden noch Bockshornklee, Piment, Kreuzkümmel, Muskatnuss, Sternanis etc. beigemischt. Als Curry bezeichnet man in Indien ein Gericht, das mit Currypulver zubereitet wird, und nicht die Gewürzmischung.

Gebeizte Hammelkoteletts

Kurz gebratenes Fleisch wie Steaks oder Koteletts, aber auch ganze Braten sollten Sie vor dem Anbraten mit Essig einreiben. Dadurch gerinnt das Eiweiß der äußersten Schicht, und das Fleisch wird zarter und saftiger. Unmittelbar vor dem Braten sollten Sie es trockentupfen oder in Mehl wenden, damit das Fett nicht spritzt.

Für 2 Portionen

4 Hammelkoteletts

1 Knoblauchzehe

je 1 Prise Rosmarin, Thymian, Muskat

Meersalz

frisch gemahlener Pfeffer

2 EL Rapsöl

Marinade:

4 EL Rotwein

2 EL Zitronenessig

1 EL Sojasauce

5 schwarze Pfefferkörner

1 TL Oregano

🕐 **Zubereitungszeit 20 Minuten
Marinierzeit 2–3 Tage**

❶ Das Fett von den Koteletts abschneiden. Das Fleisch in eine flache Schüssel legen. Die Zutaten für die Marinade verrühren und über das Fleisch gießen. Im Kühlschrank 2–3 Tage ziehen lassen.

❷ Das Fleisch aus der Marinade nehmen und trockentupfen. Die Außenkanten ein bisschen einkerben, damit sich die Koteletts in der Pfanne nicht wölben. Knoblauchzehe abziehen und durch eine Presse drücken. Das Fleisch mit Knoblauch und den restlichen Gewürzen einreiben.

❸ Das Rapsöl erhitzen. Das Fleisch bei starker Hitze von jeder Seite knapp 1 Minute anbraten. Bei reduzierter Hitze noch weitere 2–3 Minuten garen. Zum Schluss salzen und pfeffern. Die Hammelkoteletts am besten so heiß wie möglich servieren. Dazu passen grüne Bohnen und gegrillte Tomaten.

▶ **Pro Portion**
1630/390 kJ/kcal • 12 g Eiweiß
36 g Fett • 1 g Kohlenhydrate
0 g Ballaststoffe
56 mg Cholesterin

Lammkoteletts mit grünen Bohnen

Für 2 Portionen

4 doppelte Lammkoteletts (à 100 g)

2 EL Rotweinessig

2 EL Olivenöl

400 g grüne Bohnen

1 EL Butter

Meersalz

frisch gemahlener Pfeffer

3 Stängel Bohnenkraut

4 dünne Scheiben
durchwachsener Speck

1 Stängel frische Minze

🕐 **Zubereitungszeit 30 Minuten**

❶ Lammkoteletts an den Fett-
rändern einschneiden, mit Rotweinessig beträufeln, ein paar Minuten
ziehen lassen, trockentupfen und
mit Olivenöl bestreichen.

❷ Frische Bohnen waschen, an
den Enden entstielen. Bohnen in
Butter bei mittlerer Hitze andünsten, mit Salz und Pfeffer würzen.
Bohnenkraut waschen und dazugeben, 1/8 Liter heißes Wasser
zugießen und zugedeckt bei
schwacher Hitze 12–15 Minuten
garen. Die Bohnen sollen noch
»Biss« haben.

❸ Backofen mit Grill auf 200 °C
(Umluft 180 °C, Gas Stufe 3–4)
vorheizen. Die Lammkoteletts
pfeffern, auf den Grill oder auf den
Rost (oberste Schiene) legen. Von
jeder Seite 4–5 Minuten grillen.

❹ Die Speckscheiben in einer
beschichteten Pfanne glasig werden
lassen, herausnehmen und auf
Küchenpapier abtropfen lassen.
Die Bohnen abgießen, in vier
Bündeln mit den Speckscheiben
umwickeln. Zusammen mit den
Koteletts anrichten.

❺ Die Minzblätter von den
Stängeln zupfen und die
Lammkoteletts damit garnieren.

▶ **Pro Portion**

4625/1107 kJ/kcal

37 g Eiweiß • 95 g Fett

11 g Kohlenhydrate

8 g Ballaststoffe

150 mg Cholesterin

TIP

Achten Sie beim
Kauf darauf, dass
Sie sehr mageres
Fleisch bekommen.
Lamm- oder
Hammelfleisch
schmeckt in der
Regel sehr intensiv.

Delikates mit Wild und Geflügel

Geschmorter Hasenrücken

Für 2 Portionen

1 frischer Hasenrücken
4 EL Rotweinessig
4 EL dunkler Rotwein
30 g durchwachsener, geräucherter Speck
2 EL Rapsöl
20 g Butter
Meersalz
frisch gemahlener Pfeffer
1 Lorbeerblatt
2 Nelken
3 Wacholderbeeren
etwas Thymian
2 EL Crème fraîche
1 EL Johannisbeergelee oder Preiselbeeren

🕐 Zubereitungszeit 90 Minuten

❶ Den Hasenrücken kurz waschen, mit Essig und Rotwein übergießen und mindestens 1 Stunde, am besten über Nacht in der Beize ziehen lassen.

❷ Den Speck in kleine Würfel schneiden und in einer beschichteten Pfanne auslassen, bis er glasig wird. Das Öl und die Butter dazugeben. Das Fleisch aus der Beize nehmen und mit Küchenpapier trockentupfen. Den Hasenrücken zum Speck geben und von allen Seiten gut anbraten.

❸ Wenn das Fleisch gebräunt ist, seitlich 3–4 Esslöffel heißes Wasser zugießen. Die Beize, Salz, Pfeffer, Lorbeerblatt, Nelken, Wacholderbeeren und Thymian beifügen. Zugedeckt 75–90 Minuten bei mittlerer Hitze schmoren. Ab und zu nachsehen, ob noch genügend Flüssigkeit vorhanden ist. Gegebenenfalls etwas Wasser zugießen.

❹ Den Hasenrücken auf eine vorgewärmte Platte geben. Die Sauce durch ein Sieb gießen, mit Crème fraîche und Johannisbeergelee oder Preiselbeeren und Salz abschmecken.

▶ Pro Portion

2690/644 kJ/kcal • 46 g Eiweiß
42 g Fett • 7 g Kohlenhydrate
0 g Ballaststoffe • 190 mg Cholesterin

Statt Hasenrücken können Sie auch Hasenhinterläufe verwenden. Zu Hasenfleisch schmecken am besten selbstgemachte Spätzle oder Bandnudeln.

Mageres Wild

Das Fleisch von Wildtieren wie Hase, Kaninchen, Reh, Hirsch oder Wildschwein hat gegenüber Rind- oder Schweinefleisch den Vorteil, dass es einen geringeren Fettgehalt hat. Dadurch kann es aber beim Braten auch schneller austrocknen. Wildfleisch ist reich an den Mineralstoffen Kalium, Phosphor, Kupfer und Eisen sowie an Vitamin B2.

Klassische Rotweinbeize

Für 1–1,5 kg Fleisch

1 große Zwiebel
1 Bund Suppengrün
1/4 l Rotweinessig
1/4 l dunkler Rotwein
2 ganze Nelken
2 Lorbeerblätter
5–7 Wacholderbeeren
1 TL Senfkörner
1/2 TL Thymian
2 Scheiben unbehandelte Zitrone

Für eine Buttermilchbeize vermischen Sie 1 Liter Buttermilch mit 2 Esslöffeln Zitronenessig und 1 Esslöffel Wacholderbeeren und legen das Wildfleisch über Nacht darin ein.

❶ Die Zwiebel abziehen und würfeln. Das Suppengrün waschen, putzen und klein schneiden. 3/4 Liter Wasser erhitzen, das Gemüse 10 Minuten kochen.

❷ Die übrigen Zutaten zugeben. Die Beize etwas abkühlen lassen und über das Fleisch gießen. Das Fleisch an einem kühlen Ort (eventuell im Kühlschrank) 1–7 Tage zugedeckt durchziehen lassen.

❸ Einen Teil der Beize können Sie später zum Ablöschen der Sauce nehmen.

Wildragout

Für 4 Portionen

1 kg Reh-, Hirsch- oder anderes Wildfleisch
2 EL Rotweinessig
150 g Möhren, 100 g Sellerie
100 g Petersilienwurzel
1 große Zwiebel, 2 EL Rapsöl
Salz, frisch gemahlener Pfeffer
1/4 l Rotwein, 1/8 l süße Sahne
1 EL Aceto balsamico

🕐 **Zubereitungszeit 140 Minuten**

❶ Das Fleisch in 3 x 3 Zentimeter große Würfel schneiden, mit Rotweinessig beträufeln, ein paar Minuten ziehen lassen und mit Küchenpapier trockentupfen.

❷ Möhren, Sellerie und Petersilienwurzel waschen und schälen. Zwiebel abziehen und das Gemüse in sehr feine Würfel schneiden.

❸ Das Rapsöl erhitzen. Die Fleischwürfel portionsweise kräftig

anbraten. Die Hitze reduzieren, das gewürfelte Gemüse dazwischenstreuen und mitdünsten. Salzen und pfeffern. Mit Rotwein ablöschen und zugedeckt 2 Stunden bei schwacher Hitze ziehen lassen.

❹ Die Sahne einrühren und mit Aceto balsamico, Salz und Pfeffer abschmecken.

▶ **Pro Portion**
2286/546 kJ/kcal • 59 g Eiweiß
24 g Fett • 6 g Kohlenhydrate
3 g Ballaststoffe • 334 mg Cholesterin

Rehschnitzel mit Pfifferlingen

Für 2 Portionen

2 fingerdicke Rehschnitzel
1 TL Rotweinessig
2 EL dunkler Rotwein
40 g durchwachsener Speck
100 g frische Pfifferlinge
1 EL Olivenöl
Salz, frisch gemahlener Pfeffer
1 Messerspitze Thymian
1 Messerspitze Rosmarin
1 Wacholderbeere
4 EL Crème fraîche
1 Spritzer Sherryessig

🕐 **Zubereitungszeit 30 Minuten**

❶ Rehschnitzel mit Essig und Rotwein übergießen und einige Minuten ziehen lassen.

❷ Den Speck in Würfel schneiden. Pfifferlinge putzen und etwas zerkleinern. Das Öl erhitzen, Speckwürfel dazugeben und glasig braten.

❸ Das Wildfleisch mit Küchenpapier trockentupfen und rasch bei starker Hitze von beiden Seiten in den Speckwürfeln anbraten. Mit Salz, Pfeffer, Thymian, Rosmarin und zerdrückter Wacholderbeere würzen. Frische Pfifferlinge zugeben, 4–5 Minuten mitschmoren lassen.

❹ Die Beize, Crème fraîche und 2 Esslöffel heißes Wasser zugeben. Erhitzen, jedoch möglichst nicht mehr kochen. Mit Sherryessig und Salz abschmecken und gleich servieren.
Dazu schmecken Bandnudeln, Spätzle oder Kartoffelbrei am besten.

▶ **Pro Portion**
2272/543 kJ/kcal • 38 g Eiweiß
39 g Fett • 1 g Kohlenhydrate
3 g Ballaststoffe • 210 mg Cholesterin

TIP

Folgende Gewürze und Kräuter passen besonders gut zu Wildgerichten: Pfeffer, Lorbeerblätter, Wacholderbeeren, Piment und Nelken, Rosmarin, Thymian und Petersilie, Zwiebeln und Schalotten.

141

Überbackene Putenschnitzel

Ein besonders feines Aroma erhält Geflügelfleisch, wenn man es vor dem Zubereiten mit würzigem Öl bestreicht. Dafür eignen sich beispielsweise Chili-, Knoblauch- oder Kräuteröle.

Für 2 Portionen

4 mittelgroße Kartoffeln aus biologischem Anbau

Salz

2 Putenschnitzel (à 150 g)

1 TL Zitronenessig

1 TL Olivenöl

Kräutersalz

frisch gemahlener Pfeffer

200 g frische Champignons

1 EL gemischte, gehackte Kräuter (eventuell TK-Kräutermischung)

1 TL Butter

1 Prise Cayennepfeffer

100 g Emmentaler

1/8 l Milch

2 EL süße Sahne

1 EL Aceto balsamico

🕐 **Zubereitungszeit 30 Minuten**

❶ Die Kartoffeln waschen, mit der Schale in wenig Salzwasser weich kochen.

❷ Die Putenschnitzel mit Zitronenessig beträufeln, 3 Minuten ziehen lassen, mit Küchenpapier trockentupfen und mit Olivenöl einreiben.

Die goldgelbe Käsekruste gibt den Putenschnitzeln erst den richtigen Pfiff (Seite 143).

❸ Schnitzel in einer Grillpfanne auf beiden Seiten je 2 Minuten grillen. Mit Salz und frisch gemahlenem Pfeffer würzen, aus der Pfanne nehmen und warm stellen.

❹ Den Backofen auf 200 °C (Umluft 180 °C, Gas Stufe 3–4) vorheizen. Die Champignons putzen, in dünne Scheiben schneiden und mit den Kräutern mischen.

❺ Eine Auflaufform mit Butter ausfetten. Die gegrillten Putenschnitzel hineingeben und die Champignons mit den Kräutern darauf verteilen. Mit Kräutersalz, frisch gemahlenem Pfeffer und einer Prise Cayennepfeffer würzen. Den Käse reiben und darüber streuen. Im vorgeheizten Backofen 10 Minuten überbacken.

❻ Für den Kartoffelschnee Milch und Sahne in einem Topf erhitzen. Die Kartoffeln pellen, mit einer Gabel oder einem Kartoffelstampfer zerdrücken und unter die Milch-Sahne-Mischung heben. Alles mit einem Schneebesen oder mit dem elektrischen Handrührgerät luftig schlagen. Mit Aceto balsamico und eventuell etwas frisch gemahlenem Pfeffer würzig abschmecken.

❼ Den Kartoffelschnee zu den überbackenen Putenschnitzeln servieren.

▶ **Pro Portion**
3074/735 kJ/kcal • 52 g Eiweiß
42 g Fett • 29 g Kohlenhydrate
6 g Ballaststoffe • 181 mg Cholesterin

Putengeschnetzeltes in Weißweinsauce

Füllen Sie Ihre Pfeffermühle mit weißen Pfefferkörnern, sie sind aromatischer als die schwarzen.

Für 2 Portionen

2 Putenschnitzel à 200 g

1 EL Weißwein- oder Apfelessig

1 kleine Zwiebel

2 EL Rapsöl

1/8 l Weißwein

4 EL Crème fraîche

1 TL Zitronenessig

1 TL Sojasauce

Salz, frisch gemahlener Pfeffer

🕐 **Zubereitungszeit 20 Minuten**

❶ Die Putenschnitzel in Streifen schneiden, mit Essig beträufeln, 2–3 Minuten ziehen lassen und trockentupfen. Zwiebel abziehen und fein hacken.

❷ Das Rapsöl erhitzen, Putenstreifen unter ständigem Wenden hellbraun anbraten, herausnehmen und warm stellen.

❸ Die Zwiebelwürfel im Bratfett glasig dünsten. Weißwein dazugießen, zur Hälfte einkochen lassen. Crème fraîche, Zitronenessig und Sojasauce einrühren. Mit frisch gemahlenem Pfeffer und Salz abschmecken.

❹ Das Putenfleisch in die Sauce geben, kurz erwärmen. Noch einmal abschmecken und servieren.

▶ **Pro Portion**

2823/675 kJ/kcal • 40 g Eiweiß
47 g Fett • 2 g Kohlenhydrate
1 g Ballaststoffe • 186 mg Cholesterin

Putenkeule mit Brokkoli

Für 2 Portionen

2 kleine Putenkeulen (à 200 g)

1 EL Weißweinessig

3 EL Olivenöl, Kräutersalz

frisch gemahlener Pfeffer

1/2 TL Currypulver

8 kleine Kartoffeln

400 g Brokkoli

1 EL Mandelblättchen

1 EL Sesamöl

1 EL gehackte Petersilie

🕐 **Zubereitungszeit 50 Minuten**

❶ Putenfleisch mit Weißweinessig beträufeln. Nach 2 Minuten trockentupfen. Mit etwas Olivenöl, Kräutersalz, Pfeffer und Curry einreiben.

❷ Eine Auflaufform mit Olivenöl auspinseln, Putenkeulen hineingeben. Fleisch in den Backofen schieben (mittlere Schiene) und bei 200 °C (Umluft 180 °C, Gas Stufe 3–4) ca. 35 Minuten garen.

❸ Die Kartoffeln in wenig Salzwasser weich kochen. Brokkoli putzen, waschen, in große Stücke zerteilen. Die Röschen in wenig Salzwasser bissfest kochen. Mandelblättchen in einer kleinen Pfanne ohne Fett hellbraun rösten und 1 Esslöffel Sesamöl zugeben.

❹ Putenkeulen auf 2 vorgewärmten Tellern anrichten. Brokkoli und Kartoffeln danebenlegen. Brokkoli mit Mandelblättchen, Kartoffeln mit gehackter Petersilie bestreuen.

▶ **Pro Portion**
2662/636 kJ/kcal • 60 g Eiweiß
24 g Fett • 38 g Kohlenhydrate
12 g Ballaststoffe • 120 mg Cholesterin

Putenbrust mit Mozzarella

Für 2 Portionen

250 g Putenbrust
2 EL Olivenöl
1 EL Zitronenessig
2 Fleischtomaten
150 g Mozzarella
1 Bund Petersilie
3 EL Weißwein
Salz
frisch gemahlener Pfeffer
30 g frisch geriebener Parmesan

 **Zubereitungszeit 40 Minuten**

❶ Putenbrust in 1 Esslöffel Öl rundherum goldbraun anbraten. Aus der Pfanne nehmen, in Scheiben schneiden und mit Zitronenessig beträufeln.

❷ Die Tomaten überbrühen und häuten. Mozzarella abtropfen lassen. Beides in nicht zu dicke Scheiben schneiden. Petersilie waschen, trockenschütteln und hacken.

❸ Eine Auflaufform mit 1 Esslöffel Öl auspinseln. Putenbrust-, Tomaten- und Mozzarellascheiben dachziegelartig einschichten, mit Wein übergießen, salzen und pfeffern. Petersilie und Parmesan darüber streuen und im Backofen bei 200 °C (Umluft 180 °C, Gas Stufe 4) 20 Minuten überbacken.

▶ **Pro Portion**
2480/592 kJ/kcal • 46 g Eiweiß
40 g Fett • 3 g Kohlenhydrate
2 g Ballaststoffe
98 mg Cholesterin

 TIP
Für dieses Gericht eignen sich auch Hähnchenbrustfilets.

Putenbrustfilet mit rot-grünem Gemüse

Ursprünglich aus Nordamerika stammend wurde der Truthahn von den Spaniern nach Europa gebracht. Hier wurde der Vogel anfangs nur an königlichen Tafeln serviert. Nach und nach fand man immer mehr Geschmack an seinem Fleisch, und heute ersetzt er nicht selten die Weihnachtsgans. Putenfleisch ist etwas grobfaseriger und trockener als Hühnerfleisch. Das helle Brustfleisch und das dunkle Fleisch aus der Keule gelten als am aromatischsten.

Für 2 Portionen

400 g Putenbrustfilet
1 EL Weißweinessig
1 rote Paprikaschote
200 g Lauchzwiebeln
1 Knoblauchzehe
2 EL Erdnussöl
50 g Erdnusskerne
1 TL Honig, 1 TL Sherryessig
2 EL Sherry, 2 EL Sojasauce
1/4 l Gemüsebrühe
Meersalz, frisch gemahlener Pfeffer

🕐 **Zubereitungszeit 25 Minuten**

❶ Putenbrustfilet mit Weißweinessig beträufeln und 2–3 Minuten einziehen lassen. Mit Küchenpapier trockentupfen. In 1 Zentimeter dicke Scheiben und diese nochmals in Streifen schneiden.

❷ Paprikaschote waschen, trocknen, halbieren, Kerne und Rippen entfernen und das Fruchtfleisch in Streifen schneiden. Lauchzwiebeln putzen, waschen, trocknen und mit dem Kraut in dünne Ringe schneiden. Die Knoblauchzehe abziehen und fein hacken.

Erdnüsse, Honig, Sherry und Sojasauce geben dem Gericht asiatisches Flair (Seite 147).

❸ Erdnussöl erhitzen. Putenstreifen und Erdnusskerne 2–3 Minuten hellbraun braten, aus der Pfanne nehmen und warm stellen.

❹ Das vorbereitete Gemüse im Bratenfett unter Rühren anbraten. Honig, Essig, Sherry, Sojasauce und Brühe zugeben. Bei mittlerer Hitze 5 Minuten garen. Fleisch und Erdnüsse zugeben. Kurz erwärmen, mit Meersalz und frisch gemahlenem Pfeffer abschmecken. Dazu passt körnig gegarter Basmatireis.

▶ **Pro Portion**

2407/573 kJ/kcal • 60 g Eiweiß
25 g Fett • 13 g Kohlenhydrate
6 g Ballaststoffe • 120 mg Cholesterin

Sojasauce

Sojasauce entsteht durch Vergären von Sojabohnen unter dem Zusatz einer Salzlösung. Es gibt erhebliche Qualitätsunterschiede. Achten Sie auf die Zutatenliste: Wenn Zuckercouleur, Maissirup, künstliche Aroma- und Konservierungsstoffe angegeben sind, handelt es sich um ein reines Industrieprodukt. Die chinesische Küche unterscheidet grundsätzlich zwischen heller und dunkler Sojasauce: Helle Sojasauce schmeckt salziger, dunkle hat einen intensiven Geschmack und gibt Gerichten die dunkle Färbung.

Rosmarinhähnchen im Tontopf

Für 2 Portionen

Braten im Tontopf ist eine besonders schonende und aromaerhaltende Garmethode. Ein weiterer Vorteil: Man braucht nahezu kein Fett.

1 frisches, küchenfertiges Hähnchen (etwa 1,2 kg)

2 EL Zitronenessig

1 Zweig Rosmarin

2 EL Olivenöl

Salz

frisch gemahlener Pfeffer

🕐 Zubereitungszeit 100 Minuten

❶ Das Hähnchen waschen, innen und außen mit Essig beträufeln, ein paar Minuten einziehen lassen und außen trockentupfen.

❷ Die Nadeln von dem Rosmarinzweig abzupfen und mit Olivenöl, Salz und Pfeffer mischen. Das Hähnchen innen und außen damit einreiben und in einen gewässerten Tontopf legen.

❸ Den Topf in den Backofen stellen und das Hähnchen bei 225 °C (Umluft 200 °C, Gas Stufe 4–5) 1 Stunde garen. Deckel abnehmen und weitere 30 Minuten braten.

❹ Das Hähnchen halbieren und auf vorgewärmten Tellern anrichten.
Dazu passen Tomatensalat und Baguette.

▶ Pro Portion
2807/671 kJ/kcal • 83 g Eiweiß
32 g Fett • 0 g Kohlenhydrate
0 g Ballaststoffe • 324 mg Cholesterin

Thymianhähnchen mit Kartoffeln

Für 2 Portionen

2 frische Hähnchenkeulen

1 EL Zitronenessig

2 Zweige frischer Thymian oder
1 TL getrockneter Thymian

1 Knoblauchzehe

1 EL Olivenöl, Kräutersalz

frisch gemahlener Pfeffer

6 kleine Kartoffeln aus biologischem Anbau

1 TL Butter, 100 g süße Sahne

1 EL Zitronenessig

1 TL gemischte Kräuter

1 EL gehackte Petersilie oder Kresse

🕐 Zubereitungszeit 60 Minuten

❶ Hähnchenkeulen mit Zitronenessig beträufeln, ein paar Minuten einziehen lassen und mit Küchenpapier trockentupfen.

❷ Thymian fein hacken. Knoblauchzehe abziehen und durchpressen.

❸ Hähnchenkeulen mit Öl, Kräutersalz, Pfeffer, Thymian und Knoblauch einreiben. Etwas Thymian für die Kartoffeln zurückbehalten.

❹ Kartoffeln schälen und in Scheiben schneiden. In eine mit Butter gefettete Form geben, salzen, mit restlichem Thymian bestreuen.

❺ Die Hähnchenkeulen auf die Kartoffeln legen. Sahne und Essig zugießen, bei 200 °C (Umluft 180 °C, Gas Stufe 3–4) etwa 40 Minuten garen. Mit Kräutern bestreuen.

▶ **Pro Portion**
2204/526 kJ/kcal • 36 g Eiweiß
27 g Fett • 30 g Kohlenhydrate
5 g Ballaststoffe • 180 mg Cholesterin

Hähnchenwürfel mit Ananas

Für 2 Portionen

400 g Hähnchenbrustfilet
1 EL Zitronenessig
150 g frische Champignons
1 kleine Stange Porree
200 g Ananasscheiben
1 EL Erdnussöl, 1 TL Kräuteressig
Salz, frisch gemahlener Pfeffer

🕐 **Zubereitungszeit 20 Minuten**

❶ Hähnchenbrustfilet in 3 x 3 Zentimeter große Würfel schneiden. Mit Zitronenessig beträufeln, ein paar Minuten ziehen lassen und trockentupfen.

❷ Champignons putzen und in Scheiben schneiden. Porree längs halbieren, waschen, trocknen, in dünne Ringe schneiden. Ananas abtropfen lassen und in mundgerechte Stücke schneiden.

❸ Das Erdnussöl in einer Pfanne erhitzen. Hähnchenwürfel kräftig anbraten. Champignonscheiben und Porreestreifen zugeben und 2 Minuten mitbraten. Ananasstücke und Essig unterrühren. Alles bei mittlerer Hitze weitere 3 Minuten dünsten. Mit Salz und Pfeffer abschmecken.

▶ **Pro Portion**
1427/341 kJ/kcal • 49 g Eiweiß
7 g Fett
15 g Kohlenhydrate
4 g Ballaststoffe
120 mg Cholesterin

TIP
Anstelle von Ananasstückchen können Sie auch frische oder eingelegte Mangos nehmen.

149

Chinahähnchen mit Cashewnüssen

Für 2 Portionen

400 g Hähnchenbrustfilet	
4 EL trockener Weißwein	
1 EL Weißweinessig	
4 EL Sojasauce	
2 Frühlingszwiebeln	
1 EL Olivenöl	
50 g Cashewnüsse	
Meersalz	
frisch gemahlener Pfeffer	

Cashewkerne können Sie auch durch Erdnüsse ersetzen und nach Belieben noch Ananasstückchen in die Sauce geben. Auch dieses Gericht eignet sich hervorragend für den Wok.

🕐 **Zubereitungszeit 50 Minuten**

❶ Hähnchenbrust in 2 Zentimeter breite und 5 Zentimeter lange Streifen schneiden. In einen tiefen Teller geben, mit Wein, Weinessig und Sojasauce übergießen. Mindestens 1/2 Stunde ziehen lassen.

❷ Die Frühlingszwiebeln waschen, wenn nötig abziehen, halbieren und quer in dünne Streifen schneiden.

❸ Hähnchenfleisch aus der Marinade nehmen und abtropfen lassen. Die Marinade auffangen und das Hähnchenfleisch mit Küchenpapier trockentupfen. Die Marinade für die Sauce beiseite stellen.

Das Chinahähnchen ist ein kulinarischer Leckerbissen. Zur Weißweinsauce passt der Basmatireis ganz vorzüglich (Seite 151).

❹ Das Olivenöl in einer Pfanne erhitzen, die Hähnchenstreifen etwa 1 Minute goldbraun anbraten, dabei häufiger wenden. Zwiebelringe zugeben, 1 Minute mitbraten. Die Marinade in die Pfanne geben. Bei schwacher Hitze 2–3 Minuten einkochen lassen.

❺ Die Cashewnüsse mit dem Messer zerkleinern, in einer Pfanne ohne Fett rösten und zu der Sauce geben. Kurz aufkochen. Mit Meersalz und Pfeffer abschmecken und gleich servieren.
Dazu schmeckt Basmatireis am besten.

▶ **Pro Portion**
1950/465 kJ/kcal • 54 g Eiweiß
18 g Fett • 10 g Kohlenhydrate
1 g Ballaststoffe • 120 mg Cholesterin

Geflügelteile

Nicht nur große Geflügelsorten wie Puten, Gänse oder Enten, auch Hähnchen sind immer häufiger in praktischen Portionen im Handel erhältlich.
So lässt sich das Geflügelfleisch nicht nur leichter zubereiten, man kann dabei auch gezielt die Eigenschaften der einzelnen Fleischteile nutzen. Brustfleisch, das beim Braten im Ganzen oft trocken und zäh wird, bleibt so kurz gebraten saftig und weich.

Entenbrust in Rotweinsauce

Je besser und dunkler der Rotwein, desto gehaltvoller wird Ihre Sauce.

Für 2 Portionen

1 Entenbrust (400 g)
Meersalz
frisch gemahlener Pfeffer
1 Schalotte
8–10 blaue Weintrauben
1/8 l Rotwein
1 EL Aceto balsamico
1 EL Johannisbeergelee
1 EL Crème fraîche

🕐 **Zubereitungszeit 30 Minuten**

❶ Die Entenbrust auf der Fettseite rautenförmig einschneiden und auf beiden Seiten mit Salz und Pfeffer würzen.

❷ Eine Pfanne ohne Fett bei mittlerer Hitze heiß werden lassen. Die Entenbrust mit der Fettseite nach unten hineinlegen. Die Hitze etwas reduzieren und die Entenbrust bei geschlossenem Deckel 10 Minuten braten. Das Fleisch wenden und weitere 5 Minuten braten.

❸ Die Schalotte abziehen und fein hacken. Die Trauben waschen, halbieren und entkernen. Die Entenbrust aus der Pfanne nehmen, auf einen Teller legen und mit Alufolie abdecken.

❹ Die Schalotte im Entenfett glasig dünsten. Mit Rotwein und Aceto balsamico ablöschen. Das Johannisbeergelee unterrühren, die Trauben hinzufügen. Sauce bei schwacher Hitze auf die Hälfte einkochen lassen.

❺ Zum Schluss Crème fraîche unterrühren. Mit Meersalz und frisch gemahlenem Pfeffer abschmecken.

❻ Die Entenbrust aus der Folie nehmen, in 2 Zentimeter dicke Scheiben schneiden. Den ausgetretenen Entenfleischsaft zur Sauce geben. Entenbrust auf zwei warme Teller legen. Die Sauce getrennt dazu servieren.

▶ **Pro Portion**
2568/614 kJ/kcal
37 g Eiweiß
38 g Fett
12 g Kohlenhydrate
1 g Ballaststoffe
150 mg Cholesterin

Ente in Orangensauce

Für 4 Portionen

1 küchenfertige Flugente
(etwa 1,3 kg)

2 EL Apfelessig

Salz, frisch gemahlener Pfeffer

1 EL getrockneter Majoran

4 EL Erdnussöl

1 unbehandelte Orange

1 EL Zitronensaft

2 EL Weißweinessig

1 TL Johannisbeergelee

1 EL Crème fraîche

🕐 **Zubereitungszeit 55 Minuten**

❶ Ente außen und innen mit Apfelessig beträufeln, innen salzen und pfeffern und mit Majoran einreiben. 1 Esslöffel Erdnussöl in die Ente geben. Restliches Öl im Bräter erhitzen. Die Ente darin rundherum anbraten. Den Bräter verschließen und in den kalten Backofen schieben. Bei 200 °C (Umluft 180 °C, Gas Stufe 3–4) 45 Minuten braten, die letzten fünf Minuten den Deckel abnehmen und die Ente im offenen Topf bräunen.

❷ Die Orange hauchdünn mit dem Messer schälen, den Saft auspressen und beiseite stellen. Die Schale in feine Streifen schneiden und mit Wasser bedeckt 5 Minuten kochen, abtropfen lassen.

❸ Die Ente aus dem Bräter nehmen, auf einer Platte im ausgeschalteten Backofen warm halten. Den Bratensatz mit 2–3 Esslöffeln Wasser lösen. Orangensaft und -schale, Zitronensaft sowie den Essig zufügen. Die Sauce unter Rühren bei mittlerer Hitze auf die Hälfte einkochen. Mit Johannisbeergelee, Crème fraîche und Salz und Pfeffer abschmecken. Die Sauce getrennt zur Ente servieren.

TIP

Die Zugabe von süßem Gelee rundet die Sauce ab und macht sie etwas dicker in der Konsistenz. Eingemachte Johannisbeeren und Preiselbeeren sind dazu besonders geeignet.

▶ **Pro Portion**
3110/744 kJ/kcal • 46 g Eiweiß
55 g Fett • 5 g Kohlenhydrate
1 g Ballaststoffe • 200 mg Cholesterin

153

Gänsekeulen auf Majorankartoffeln

Für 4 Portionen

Beifuß wird auch Gänsekraut genannt. Es schmeckt fein-herb und ist bei der Fettverdauung förderlich, deshalb wird es seit jeher gern für fette Braten wie Gans oder Ente verwendet.

4 Gänsekeulen
2 EL Zitronenessig
Meersalz
1 Lorbeerblatt
5 Wacholderbeeren
1 TL Pimentkörner
1 kg Kartoffeln
frisch gemahlener Pfeffer
2 EL scharfer Senf
1 TL Beifuß
1 EL getrockneter Majoran
1 Bund frischer Majoran
1/8 l Weißwein
1/8 l Gänsebrühe
2 EL Weißweinessig
Cognac oder Bier

 Zubereitungszeit 130 Minuten

❶ Die Gänsekeulen mit Zitronenessig einreiben und ein paar Minuten ziehen lassen.

❷ In einem Topf etwa 2 Liter Wasser mit 1 Teelöffel Salz, Lorbeerblatt, Wacholderbeeren und Pimentkörnern aufkochen. Gänsekeulen hineingeben, bei mittlerer Hitze 30 Minuten kochen. Aus dem Wasser herausnehmen.

Knusprige Gänsekeulen mit aromatischen Majorankartoffeln sind ein richtiges Festessen (Seite 155).

❸ Die Kartoffeln waschen, schälen und vierteln. Die Kartoffeln in der Gänsebrühe 10 Minuten kochen.

Herausnehmen, abtropfen lassen und in einen Bräter legen.

❹ Gänsekeulen mit Salz, Pfeffer, Senf, Beifuß und getrocknetem Majoran einreiben und auf die Kartoffeln setzen. Die frischen Majoranzweige dazugeben. Wein, Gänsebrühe und Essig mischen und in den Bräter gießen.

❺ Die Form mit Deckel oder Alufolie verschließen und in den Backofen schieben. Die Gänsekeulen bei 200 °C (Umluft 180 °C, Gas Stufe 3–4) 40 Minuten garen. Bei geöffneter Form noch weitere 35–40 Minuten braten. 10 Minuten vor Garzeitende die Keulen mit Cognac oder Bier bepinseln, damit die Kruste schön knusprig braun wird.

▶ **Pro Portion**
4104/980 kJ/kcal • 68 g Eiweiß
63 g Fett • 39 g Kohlenhydrate
6 g Ballaststoffe • 240 mg Cholesterin

Garprobe
So können Sie sichergehen, dass Ihre Gänsekeulen auch wirklich gar sind: Stechen Sie mit einer Nadel in die dickste Stelle der Keule. Tritt klarer Fleischsaft aus, ist die Gänsekeule gar.

Bezugsquellen

Einige wenige, in den Rezepten vorkommende Zutaten erhalten Sie vermutlich nur in Spezialgeschäften. Die nebenstehend aufgeführte Liste der fraglichen Zutaten sowie ihrer Bezugsquellen soll Ihnen den Einkauf erleichtern.

Agar-Agar	Reformhaus, Bioladen
Algenmehl	Vegi-Versand
Couscous	Reformhaus, Bioladen, türkische Geschäfte
Erdnuss-, Walnussflocken	Vegi-Versand
Gelbwurz (Kurkuma)	Reformhaus
Getrocknete, eingelegte Tomaten	Bioladen, griechische Läden
Glasnudeln	Asienläden
Ingwer	Feinkost, Indien- und Asienläden
Kreuzkümmel	Reformhaus, Bioladen, Indien- und Asienläden
Lezithin-Granulat	Bioladen, Reformhaus, Vegi-Versand
Olivenöl »Zitrone«	Vegi-Versand
Räucheröl	Vegi-Versand
Räuchertofu	Reformhaus, Bioladen
Reisessig	Asienläden
schwarze Senfkörner	Asienläden, türkische und indische Geschäfte
Schwarzkümmelsamen	Bioladen, türkische Geschäfte
Sojalezithin flüssig	Vegi-Versand, Diffenestr. 10, 68169 Mannheim Tel. Nr. 0621 / 76 28 83 2; Fax 74 59 86
Vitam-R	Reformhaus
Weinstein-Backpulver	Reformhaus, Bioladen

Rezeptregister von A–Z

157

Sachregister

159

Der Autor

Klaus Oberbeil ist Medizinjournalist und Fachautor für Gesundheits- und Ernährungsthemen. Er ist bekannt aus zahlreichen Fernsehsendungen sowie Beiträgen in großen Publikumszeitschriften. Im Südwest-Verlag erschienen von ihm u. a. die Titel »Fit durch gesunde Ernährung«, »Fit durch Vitamine«, »Abnehmen mit Apfelessig« und »Essigküche«.

Der Fotograf

Amos Schliack arbeitet als Fotograf und Food-Stylist in Hamburg. Bevor er sich intensiv der Food-Fotografie widmete, bereiste er als Fotoreporter u. a. für GEO, MERIAN und STERN die ganze Welt und wurde 1983 für die Kinder- und Krebsreportage im STERN von der World Press Photo mit dem 1. Preis ausgezeichnet. Die Food-Fotos von Amos Schliack sind seit 1985 regelmässig im Magazin »Feinschmecker« abgebildet.

Anmerkung der Redaktion

Diesem Buch liegt die im Juli 1996 in Wien beschlossene und ab 1. August 1998 verbindliche Neuregelung der deutschen Rechtschreibung zu Grunde.

© 1998 Südwest Verlag GmbH in der Verlagshaus Goethestraße GmbH & Co. KG, München

Lektorat:
Susanne Kirstein, Martina Solter
Projektleitung: Michaela Röhrl
Bildredaktion: Bettina Huber
Fotografie: Amos Schliack, Hamburg
Food-Styling:
Roland Geiselmann, Hamburg
Produktion: Manfred Metzger
Layout und Umschlaggestaltung:
Manuela Hutschenreiter
Plakat: Manuela Hutschenreiter
DTP/Satz: Elke Löb

Printed in Italy
Gedruckt auf chlor- und säurearmem Papier

ISBN 3-517-07654-6